UTILITÉ

DES

ÉTUDES GRECO-LATINES

PAR

Le Dr MACÉ

MÉDECIN A AIX-LES-BAINS

TROISIÈME ÉDITION
SUIVIE
de quelques lettres d'encouragement
en langue latine.

EN VENTE

A L'IMPRIMERIE COOPÉRATIVE, A AIX-LES-BAINS
et chez les principaux Libraires.
A PARIS, chez E. BOUILLON, 67, rue Richelieu.
A MILAN, chez HŒPLI — A ROME, Fratelli BOCCA
A LONDRES, chez DULAU & C°, 37, Soho Square.
A BOSTON, chez T. H. CASTOR & C°

1896

UTILITÉ

DES

ÉTUDES GRÉCO-LATINES

PAR

Le Dr MACÉ

MÉDECIN A AIX-LES-BAINS

TROISIÈME ÉDITION
SUIVIE
de quelques lettres d'encouragement
en langue latine.

EN VENTE

A L'IMPRIMERIE COOPÉRATIVE, A AIX-LES-BAINS
et chez les principaux Libraires.
A PARIS, chez E. BOUILLON, 67, rue Richelieu.
A MILAN, chez HŒPLI — A ROME, FRATELLI BOCCA
A LONDRES, chez DULAU & C°, 37, Soho Square.
A BOSTON, chez T. H. CASTOR & C°

1896

Francisco SARCEY.

Excultissime vir,

In diaro *le Petit Journal* quasdam a te scriptas lineas legi huic respondentes postulationi : discendane latina lingua annon? eam discendam opinabaris, sicut et jam, mihi dixerunt, opinatus erat Julius Lemaitre eidem, in alia ephemeride *le Journal des Débats,* respondens postulato. In tanta rerum instructionis secundi ordinis perturbatione et discrepantia mihi videtur cuilibet reipublicæ compendii studioso fas esse suas exponere observationes et sic se utilem, pro exiguis sui ingenii viribus, præbere. Itaque mihi quoque etiamsi profanus sum, scilicet numquam in rebus universitatis versatus, liceat meam humilem de hoc argumento in medium proferre sententiam.

Censeo et ego pergendum esse studium latinitatis, sed (quod non dixerunt alii) sub hac lege ut Latii idiomati studentes alumni et ad scribendum latine et latine colloquendum primâ ætatulâ, a teneris unguiculis, juxta Vossii dictum, exerceantur; sub hac lege ut tirones usu discant Romanum eloquium; sub hac lege denique ut magistri latino utantur sermone ad docendum discipulos geometriam, geographam, historiam naturalem, physiologiam et coeteras disciplinas; sicut et ubique in gymnasiis faciebant olim, et nuperrime in Hungariæ scholis.

Sic impensius et luculentius latino studerent sermoni, et, quasi ore vernaculo, illum loqui possent. Sic hoc studium citius, jucundius et præsertim utilius esset.

Talem disciplinam in omnibus lyceis instituere velle somnium foret, sed at saltem in uno experienda est.

In urbe *Riom* pro futurorum opificum speciali instructione experimentum fecerunt quod optime successit. Non minus opinor pro humanioribus litteris fieri potest. In gymnasio quodam rursus probandum est ad hanc docendi rationem regredi, quâ utiliter utebantur olim et quæ, incredibili quadam docentium socordiâ, obsolevit. Lyceum quoddam eligendum est in quo, à mane ad vesperam usque, nil aliud nisi Latii eloquium audiret discipulus. Sed de his rebus plura alias.

Hic præsertim de latinitatis utilitate disserendum. Revocatâ conflictatione inter utilitares (ut barbara voce utar) et humanistas, argumentis quoque utrinque prolatis memoratis, hæc explico :

1° Latinæ linguæ fautores jure asserunt illius studium optimam esse ingenii palestram, et ad mores liberales et egregiam indolem nanciscendas, quam quod maxime idoneum.

Sed hoc solo quasi aspectu latinitatem contemplati, alias magni momenti considerationes præterierunt, quas hic producere volui.

2° Experientiâ demonstratur latinæ linguæ studio subactum alumni ingenium et ad scientias mathematicas alacrius esse et ad altiores doctrinas. Sic jam non nihil utilitatis haberet latinitas.

3° Complures deinde latinos auctores ad agriculturam verbis et exemplis impellere et plures, inter quos M. Porcius Cato, M. Terentius Varro et Moderatus Columella, meliora agricolis consilia et præcepta dedisse demonstro.

4° Subjicio postea hoc utile latinam linguam habere ut multos, difficultatibus syntaxeos suæ perterrens, ad professiones utiles reducit, qui liberales appetebant.

5° In mercaturis cum Germanis negociatoribus suscipiendis, facto quodam hic relato, demonstratur adhuc et hodie latino sermone uti posse.

Ab illis qui cum Americæ hispanicis coloniis negotiantur utenda est hispaniensis linguā cujus janua, profecto, latinum idioma dici potest. Ita ut qui latine callet, facile, post breve temporis spatium, Hispaniensem sermonem intelligit. Sic res se habens, latina lingua in variis orbis terrarum partibus fit mercabilis et negotiatori persæpe Germana utilior.

Asserere audeo ad diffundendum terrā marique sermonem gallicum, nostrum ingenium, nostram auctoritatem, nostra negotia, magni momenti, maximæ vis esse latinitatem quæ, jure, nostro idiomati introductio dicitur. Quocumque etenim nostra mercatura Gallicæ linguæ diffusionem sequitur; atqui ubi reliquitur latinus sermo, negligitur gallicus, et nostra mercatura torpescit, ubi nostrum idioma negligitur. Itaque commodi reipublicæ studiosi operam dare debent ut undique rursus vigeat latinitatis cultus.

6° Ad recte intelligendum gallicam et alias neolatinas linguas, ad eas perfacilè nanciscendas, valde juvat latinæ linguæ cognitio. Absque eâ vix intelliguntur nostri antiqui chronographi et qui in XVIe seculo in gallico sermone, latino tunc proximo, scripserunt. Neglectâ latinitate vix leguntur et intelliguntur recentiores latini scriptores quorum quædam opera commendatione digna sunt, argumentorum gravitate; et multo magis, quam hodiernæ inventiunculæ, mentes nostras nutrire et ornare possunt.

A fortiori inscriptiones cum notis recisis in lapide insculptas non intelligimus. Attamen nosquoque non nulla habemus latine

« ..... incisa notis marmora publicis
Per quæ spiritus et vita redit bonis. »

Nonne pudendum quod has notas enucleare nequimus?

7° Extra fines profecto multo magis quam putatur viget latini sermonis studium. Ut non diutius in hac babelica linguarum confusione pergamus quæ impedit quin inter se docti facile impertiantur⁽¹⁾, bonum esset, quod est in votis, una sola internationale uti lingua. Ab aliis gentibus si, invidiæ cujusdam causâ, gallica lingua non accipitur ut internationalis, quæ quâlibet aliâ ad hoc aptior esset, tunc eligenda foret latina.

8° Jamjam parum apud nos latinus sermo ab interitu abesse videtur. Omnia quæque fecit universitas ut ita res se haberent. A docentibus derelictâ pristinâ latine colloquendi et varias disciplinas docendi consuetudine, mox humaniores litteræ torpuerunt.

Quotidiana etenim latina lingua doctam et litterariam juvabat et tuebatur linguam; unâ extinctâ, paulatim dereliquitur altera.

Alii alia remedia ad rem universitariam medendam proponunt. Unum vero præsertim constat, scilicet eloquio Romano uti ad pueros varias disciplinas docendos. Vel impensiùs et luculentiùs excolantur latinæ litteræ, vel omnino deserantur; amplius vel nihil latinitatis. Hoc in mentem subit dilemma quum conflictationis a promulgatione Frari libelli « la question du latin » inchoatæ solutionem quæris.

Etiamsi nunquam tuæ consuetudinis honorem nactus et a te omnino ignotus, attamen, lectis a te scriptis variis lineis quibus patet te musas latinas mordicus defendendi arduam provinciam suscepisse, ad tibi hoc primum a typis exaratum specimen lucubrationis meæ mandandum promovéor. Spero te illud benigne accepturum et hanc tibi dedicans lucubratiunculam, eam bene auspicaturum opinor.

Si me in aliquâ re rectè monuisse judicaveris, maximæ libretur pondere auctoritatis tuæ sententia mea, et divulgetur.

Observantiam obsequentissimi servi tui excipe, et valeas.

Dr MACÉ.

In ædibus thermalibus aquarum Sexii versatus.
(Sabaudia).
Die 4° Mensis Octobris MDCCCXCV.

HUMANISTES ET UTILITAIRES

En 1849, longtemps avant que parût la brochure signée Frary, et intitulée « La question du latin », une brochure du même genre intitulée : « A quoi servent le grec et le latin ? » avait été publiée à Rennes. Les collégiens se délectaient à la lecture de cette brochure ou plutôt de cette diatribe contre le latin. Elle avait surtout l'assentiment de ceux qui étaient redevables à Virgile et à Cicéron de pensums et retenues. Frary n'a pu présenter dans sa « Question du latin » un seul argument qui ne figurât déjà dans cette brochure antérieure. Dans l'un et l'autre pamphlet on parle de gaspillage intellectuel, du temps perdu consacré à apprendre les lois grammaticales d'une langue qui ne vous est d'aucune utilité pour la conversation ou la correspondance.

Nombreux, sans doute, sont ceux qui ont fait campagne contre le grec et le latin et sont passés inaperçus. Le style vif et entraînant de Vallès l'a fait remarquer parmi les insurgés contre les études classiques. Il entrait en rage quand il était question, non pas de faire échapper certaines catégories de jeunes gens à l'impôt du sang, mais simplement d'obtenir pour eux, en vue de faciliter leurs études, un simple sursis.

Vallès eut volontiers sacrifié l'instruction à ce qu'il croyait l'intérêt public, oubliant que loin de nuire au patriotisme, elle l'éclaire et le développe ; que les Athéniens, qui furent les plus lettrés des Grecs, furent ceux qui luttèrent avec le plus d'acharnement et d'habileté contre l'invasion étrangère.

La jeunesse des écoles a toujours été chez nous à l'avant-garde quand il s'est agi de lutter pour l'indépendance. Hier encore, d'où partaient les protestations les plus indignées contre les tentatives césariennes de Boulanger ? De la jeunesse des écoles. Loin d'esquiver *le flingot*, comme Vallès l'en eut volontiers accusée, elle serait la première à s'en armer, s'il le fallait, pour défendre la liberté contre les ennemis du dehors ou du dedans.

Toutes ces attaques de Vallès et autres contre le grec et le latin sont demeurées sans résultat parce qu'elles n'émanaient pas d'hommes ayant autorité en la matière, et parce qu'elles n'arrivaient pas à l'heure voulue.

La brochure de Frary « la question du latin »

allait avoir un retentissement que n'avaient pu produire les écrits de Vallès et de ceux qui avaient repris pour leur compte le cri de Berchoux :

« Qui nous délivrera des Grecs et des Romains ! »

Cela s'explique. Frary avait une compétence que n'avaient pas ses devanciers. Sorti de l'Ecole Normale, il parlait en connaissance de cause. C'était un universitaire qui faisait le procès à l'université, qui lui reprochait le temps trop long sacrifié aux études classiques. C'est un universitaire qui, appliquant aux langues anciennes ce mot de Quintilien « *non assuescat nedum infans quidem est sermoni qui dediscendus sit* », conseillait de renoncer à étudier des langues qu'on apprend aujourd'hui pour les oublier demain.

Mieux à même que Vallès et autres de critiquer l'enseignement secondaire, Frary arrivait au bon moment. Il a résumé d'une façon un peu vive les aspirations vagues qui depuis des années flottaient dans le public. La « question du latin » fit l'effet d'une bombe éclatant en plein sommeil universitaire. Elle ramenait violemment l'attention de l'université sur une question vitale ; on en savait gré à l'auteur. Pour ce fait, l'apparition de ce pamphlet fut saluée avec satisfaction par ceux-là même qui trouvaient les arguments émis fort discutables et la conclusion trop radicale. On ne suivra pas jusqu'au bout, pensait-on, ce farouche universitaire ; et la révolution qu'il propose aboutira sans doute à une sage réforme[1]. Elle aura pour résultat de faire comprendre qu'il faut substituer dans nos lycées le professeur de langue au professeur de grammaire, que celui-là seul doit être appelé à enseigner une langue qui peut la comprendre et la parler. Qu'il faut perdre moins de temps à des études qui pourraient être faites beaucoup plus rapidement et plus pratiquement.

Parlant au nom des intérêts de la patrie, protestant contre un gaspillage intellectuel qui n'est que trop réel, les utilitaires ont rencontré de nombreux partisans. Ils mettent en avant des arguments qui ne peuvent que plaire. A l'époque positiviste où nous vivons, disent-ils, chacun doit s'armer pour la lutte, prendre au plus tôt son poste de combat. Pour arriver vite, il faut se débarrasser de tout bagage encombrant et ne pas s'attarder à cueillir des fleurs sur le bord du chemin, *time is money*. Ce qu'il nous faut à l'heure présente, ce sont des

---

[1] Nous ferons voir, dans une brochure qui paraîtra plus tard, combien nous avons été déçus à cet égard.

ingénieurs, des agriculteurs, des commerçants, des exportateurs, des industriels, des soldats et des marins. Quant aux lettrés hellénistes et latinistes nous n'en avons que faire. Les distractions intellectuelles auxquelles donne lieu l'étude des belles-lettres sont bonnes pour les oisifs. Platon chassait les poètes comiques de sa république, bannissons les humanistes de la nôtre qui doit être un vaste atelier, une immense usine, un champ de production et un camp retranché.

Ce langage sourit surtout au fameux Homais et aux blackboulés du baccalauréat. Ils considèrent les arguments de Frary comme irréfutables. Mais un grand nombre d'universitaires n'en jugent pas ainsi. L'un d'eux, M. Vessiot, inspecteur d'académie, publie une brochure dans laquelle il se fait le défenseur des études classiques si fort malmenées par son ex-collègue de l'Ecole normale. Tout d'abord il rend hommage au savoir de son adversaire, s'incline devant sa compétence. Il rend justice au sentiment qui le guide, car c'est par patriotisme qu'il veut décapiter l'enseignement secondaire, comme d'autres par patriotisme soi-disant voulaient évacuer le Tonkin. Il lui reproche, c'était obligatoire, d'imiter les nourrissons dont parle La Bruyère qui, forts et dodus, battent le sein qui les a nourris. Puis prenant une à une les accusations dirigées contre l'enseignement universitaire, il le justifie aussi bien que possible. Toutefois il ne peut le justifier de tenir les élèves sur les bancs pendant sept ou huit ans sans parvenir à en faire des latinisants. C'est là le grief capital, et comme M. l'Inspecteur de l'Académie n'y répond que par une plaisanterie, en déplorant l'absence de nourrices latines, ce point faible de la défense nuit aux autres parties du plaidoyer.

Plus tard la cause est portée devant le Sénat. Là, Jules Simon prend la défense des muses latines mises sur la sellette.

Sous une autre forme, il y a eu là une petite reprise de la lutte des « anciens et des modernes » qui, au XVIIᵉ siècle, donna lieu à de si beaux plaidoyers. Dans ce tournoi littéraire, une de nos illustrations féminines, Mᵐᵉ Dacier, se distingua entre tous.

Jules Simon a défendu ses chères muses « *dulces ante omnia musæ* » avec un atticisme qui prouve bien qu'il a été élevé à leur école. Il veut « qu'on forme l'âme d'abord, l'esprit ensuite et aussi le corps ». Il voudrait tout concilier, les lettres et les sciences et la gymnastique, mais il néglige d'indiquer les moyens.

« Oui, dit-il, la France doit étudier les sciences

utiles, mais il en est une qui est utile entre toutes, la science de l'humanité, celle qu'on a avec tant de raison et de justice appelée de ce beau nom: *les humanités.* »

Il a fait remarquer que nos plus illustres savants ont été en même temps des lettrés. Qu'en donnant à leur pays une prépondérance dans le monde scientifique, ils ont démontré la puissance du système pédagogique qui sait allier les sciences aux lettres. Mais comment maintenir cette alliance, comment préserver les lettres contre le flot envahissant de la science ? Voilà ce que Jules Simon ne nous dit pas. C'est précisément ce qu'il eût dû nous apprendre. Après ce beau discours qui se termine par un vœu au lieu de se terminer par une conclusion pratique, le Sénat conclue sagement en ne concluant rien du tout. Le débat fut solennel, académique, digne d'une haute assemblée, mais qu'en est-il sorti de neuf et de pratique ? Rien, absolument rien. *Verba et voces prætereaque nihil.*

Au cours de la polémique engagée au sujet des langues anciennes, il y a eu exagération de part et d'autre.

« *Iliacos intra muros peccatur et extra.* » Ceux-là ont divagué en attribuant aux langues anciennes toutes sortes de maux auxquels elles sont absolument étrangères. Ceux-ci se sont tout à fait illusionnés en leur attribuant les mêmes avantages qu'elles produisaient autrefois, alors qu'on les étudiait sérieusement, alors que l'enseignement, étant confiné dans des limites plus étroites, l'élève pouvait vraiment s'assimiler la matière enseignée.

Ridicules sont les griefs que les utilitaires articulent contre le latin. Leur perspicacité à découvrir la cause de nos misères sociales n'a d'égale que la perspicacité de Toinette découvrant l'étiologie des maux d'Argan. Pour elle ils proviennent tous du poumon :

« Douleurs de tête — Le poumon.

Voile devant les yeux — Le poumon.

Maux de cœur — Le poumon.

Coliques, lassitude dans les membres — Le poumon, le poumon, vous dis-je. »

Pour les utilitaires, c'est du latin que proviennent toutes nos misères sociales.

Quelle est la cause du malaise général ? — Le latin.

De la concurrence commerciale ? — Le latin.

Des impôts écrasants ? — Le latin.

De l'abandon de l'agriculture, du commerce, de l'industrie ? — Le latin.

Du grand nombre de déclassés ? — Le latin, le latin, vous dis-je.

Le rapport de causalité est ici tout aussi évident qu'il peut l'être entre l'âge du capitaine d'un navire et les nœuds que celui-ci file à l'heure : entre le mutisme de Lucinde et *bonus, bona, bonum.*

Les humanistes ne sont pas moins dans l'erreur quand ils attribuent au latin toutes sortes de vertus esthétiques et éducatives qu'il ne saurait avoir que s'il était enseigné mieux et autrement. Ils sont dans l'erreur quand ils établissent l'équivalence entre nos études classiques actuelles et celles de nos pères. Celles-ci sont à celles-là ce qu'est le sillage tracé par la quille d'un navire comparé au profond sillon creusé par le soc de la charrue.

Notre léger contact avec l'antiquité est trop passager pour laisser ces traces durables que laissaient chez nos pères ce long frottement avec les classiques, qui les faisait vivre de la vie de « ces riches âmes du passé ».

On pourrait illustrer comme suit la décadence graduelle de nos études classiques :

De même que l'abeille laborieuse puisant amplement les sucs au fond du calice de la fleur permet au laboureur d'entasser le miel dans des amphores pour sa provision d'hiver, « *et pressa puris mella condit amphoris* » de même puisant profondément dans l'anthologie grecque et latine, nos pères y trouvaient un riche fond d'idées, sur lequel ils vivaient ensuite.

La jeunesse de 1830 a eu avec les classiques un commerce moins intime, mais dont elle a encore tiré quelque profit, comme l'abeille paresseuse garde quelque parfum de la fleur dont elle a légèrement remué le pollen.

Quant au lycéen moderne, il ne garde guère plus le souvenir des mille choses qu'on lui fait effleurer que le papillon ne garde le parfum des mille fleurs sur lesquelles il voltige.

On étudie mal les langues anciennes, on n'en garde aucun souvenir, on ne tire de cette étude aucune utilité pratique, on ne les parle pas, donc il faut renoncer à les étudier. Ainsi parlent les utilitaires et ils sont logiques. Mais de la même prémisse il serait possible de tirer une conclusion tout opposée, aussi logique et répondant mieux aux aspirations du pays.

On étudie mal les langues anciennes, d'accord. Mais au lieu d'en conclure qu'il ne faut plus les étudier du tout, nous en concluons qu'il faut les étudier mieux pour qu'elles laissent à l'élève de riches souvenirs et lui soient utiles comme elles le furent aux générations qui nous ont précédé. On n'a pas osé tirer cette conclusion. Personne n'a demandé qu'on fit des études de latin plus sérieuses, plus utiles, tout en étant moins longues. Personne n'a demandé qu'on fît des latinisants, qu'on se servît du latin comme langue didactique pour enseigner les sciences. Les humanistes se sont bornés à demander grâce pour les bribes du latin qu'on perd beaucoup trop de temps à apprendre. Ce dilemme s'impose : ou de plus fortes études gréco-latines, ou leur suppression complète comme le demandent les utilitaires. Il est à souhaiter que, dans un intérêt supérieur bien compris, on se prononce pour la première alternative.

On s'est borné à défendre les humanités en démontrant qu'elles gravent profondément dans le cœur la règle morale qui est indispensable au bon ménage de la vie. On s'est borné à défendre le latin, accusé d'inutilité pratique, en faisant voir les avantages qu'on peut en retirer au point de vue esthétique et éducatif. Assurément ces avantages qu'offrent nos vieilles études classiques doivent être proclamés bien haut. Mais aux yeux des positivistes, ce n'est pas assez. Parler esthétique, parler du culte désintéressé des muses à des gens qui ne sont occupés que du 3 %, de l'intérêt que peut produire le capital, c'est peine perdue.

Inutile de rappeler aux utilitaires que nous avons été nourris du miel de l'Hymette ; que le lait de la louve romaine coule dans nos veines ; que nous sommes un heureux mélange du bon sens gaulois combiné avec le goût exquis, délicat, artistique du Grec et l'esprit de rectitude du Romain. Ces raisons touchent peu nos positivistes. Leur dire que Corneille procède de Tacite, La Fontaine d'Esope, Boileau d'Horace; que Dante et Pétrarque sont des descendants de Virgile, que Macaulay est un imitateur de Tite-Live, cela les laisse froids.

Ce qu'il faut montrer aux utilitaires, c'est que les études greco-latines ont des côtés pratiques et utiles qu'il paraissent ignorer. Bien que je n'aie pas la compétence voulue pour cette tâche, je vais tenter néanmoins de faire ressortir ces côtés pratiques des humanités et de combler ainsi une lacune regrettable que je constate dans les plaidoyers écrits ou prononcés en faveur de la latinité.

LE LATIN

au point de vue esthétique et éducatif

L'homme ne vit pas seulement de pain, nous dit l'Evangile. « *Non in solo pane vivit homo.* » Il doit satisfaire des appétits d'un ordre plus élevé que ceux de l'estomac. Pour pouvoir répondre à ses aspirations vers l'idéal, la poésie, l'esthétique, il a besoin d'une haute culture intellectuelle que, mieux que toute autre, peut lui procurer l'étude des lettres greco-latines.

Les latins nous ont légué leur langue; c'est un monument que nous aurions grand tort de dédaigner, puisque nous y trouvons les origines de notre législation, de nos mœurs, de nos idées, de notre langue, de notre littérature.

L'enseignement greco-latin est utile au point de vue esthétique et éducatif, ce n'est pas contestable. Il y a dans la littérature latine des beautés merveilleuses qui sont le reflet de ce bon goût exquis transmis des Grecs aux Romains. Apprendre à admirer les chefs-d'œuvre de la littérature gréco-latine c'est donc se former l'esprit à l'école du bon goût ; c'est apprendre à devenir homme, à devenir Français. Ce n'est pas sans raison qu'on disait de celui qui faisait ce noble apprentissage : qu'il faisait *ses humanités*. Ce mot si heureusement trouvé révèle tout ce qu'on attribuait d'élevé, de bon, de beau, d'éducatif aux lettres gréco-latines.

Les anciens développent chez ceux qui les étudient des sentiments de justice, de désintéressement, de courage, de dévoûment ; ils prêchent la religion des ancêtres, le culte de la patrie. L'éducation doit être subordonnée à une foi quelconque, religieuse, sociale ou civique. La foi religieuse faisant défaut chez le plus grand nombre, laissons aux anciens le soin d'inculquer à nos enfants une éducation basée sur la foi civique, sur l'amour de la patrie. Inculquer dans l'esprit de l'élève les belles maximes tirées de Platon, de Sénèque, de Cicéron, de Marc Aurèle, c'est lui donner des conseils dont la voix se fera encore entendre quand les autres voix se tairont.

Les encyclopédistes qui ont préparé les hommes de la Révolution étaient fortement imprégnés des doctrines de l'antiquité. C'est en mettant sous les yeux des jeunes gens les exemples d'Harmodius et d'Aristogiton, le désintéressement d'Hippocrate, la fidélité de Regulus à la foi jurée, les exemples de Phocion et d'Aristide, qui, du fond de leur exil, faisaient des vœux pour leur ingrate patrie; c'est, en un mot, en conduisant les élèves à l'école de l'antiquité que les encyclopédistes ont fait d'eux des caractères, des hommes. Athènes et Rome ont été et seront toujours les deux vraies éducatrices.

Le Dr Baccelli, grand maître de l'université en Italie, dans une circulaire ministérielle parue en février 1894, confesse en ces termes la foi grande qu'il a dans le pouvoir éducatif des maîtres de l'antiquité :

« Le but principal qu'on se propose en faisant
« étudier les littératures anciennes est ou de-
« vrait être de préparer des caractères d'hom-
« mes forts et vertueux, en développant dans
« l'âme de la jeunesse l'idéal de la liberté, de
« l'énergie, de la dignité; en lui enseignant
« à bien penser et à bien faire; en excitant en
« elle l'amour et l'enthousiasme pour tout ce
« qui est noble et louable. »

Les expressions ont leur enseignement. Il en est qui sont monnaie courante et révèlent l'utilité du commerce avec l'antiquité pour l'éducation intellectuelle et morale de la jeunesse : c'est une *âme antique*, c'est un *homme de Plutarque*, dit-on, en parlant de celui qui sait sacrifier l'intérêt personnel à l'intérêt général; fait passer les sentiments nobles avant les idées de mercantilisme. Cette expression prouve que l'antiquité nous a laissé de beaux exemples de morale. Frary, qui met en doute l'utilité du latin pour l'éducation intellectuelle et morale de la jeunesse, veut bien reconnaître pourtant que « les chefs-d'œuvre de l'antiquité abondent en fortes maximes et en pensées exprimées avec une brièveté et une élégance lapidaire. Il y a là, dit-il, de belles phrases qui se gravent dans la mémoire et qui donnent un corps indestructible aux sentiments nobles. » N'y aurait-il d'autre raison que celle-là d'enseigner le latin qu'elle suffirait.

Nos pères lisaient et relisaient leurs classiques. Ils savaient par cœur leur *Selectæ e profanis*. Cet évangile païen était leur vade-mecum. Ils s'imprégnaient des sages maximes qu'ils y rencontraient. Ils étaient d'une trempe morale plus forte qu'il faut attribuer à une éducation plus dure, à une instruction plus solide, moins étendue, moins superficielle, mais plus profonde. Ils mettaient en pratique ce mot de Vauvenargues : « Si nous étions sages, nous

« nous bornerions à un petit nombre de con-
« naissances afin de les mieux posséder. »

Qui oserait dire qu'avec cette culture intellectuelle, moins encyclopédique que celle d'aujourd'hui, ils étaient moins bien préparés que nous à ce fameux *struggle for life* dont on parle tant aujourd'hui comme s'il n'avait pas toujours existé; comme si Hobbes n'avait pas longtemps avant Darwin démontré que la vie est un combat; comme s'il n'avait pas résumé sa doctrine dans cet aphorisme de Plaute : « *homo hominis lupus ?* »

L'étude de la littérature greco-latine est indispensable à qui veut suivre la pensée humaine à travers les âges. Les premières impressions de l'humanité ont dû être plus profondes alors qu'elle était moins distraite et moins troublée par les préoccupations de la vie. Les premiers poètes ont dû se sentir plus dominés par l'incantation de la nature. Les premiers penseurs ont dû se concentrer plus complètement sur l'idée qui occupait leur cerveau. Toujours est-il que les formules données aux vérités de tout ordre qu'ils ont exprimées ne pourraient que perdre en netteté et en précision exprimées dans une langue autre que celle dans laquelle elles ont été formulées.

Aussi est-ce un leurre de s'imaginer que les

traductions vous mettent en pleine possession de la pensée, de l'âme de l'auteur. La traduction est le plus souvent, par rapport au texte, ce que l'ombre est au corps, et le *tradutore traditore* des Italiens n'est que l'expression de la vérité.

J'ai assisté, à Turin, à la représentation du *Fils de Giboyer*. Cette pièce qui avait eu tant de succès sur le théâtre français était très froidement accueillie sur le théâtre piémontais. Mon voisin s'étonnait que cette pièce, qu'il trouvait dépourvue d'intérêt, eût pu tant charmer les Parisiens. Cela s'explique : la pièce d'Augier était tellement défigurée par la traduction qu'il n'était plus possible d'en saisir l'esprit, les finesses, les allusions piquantes.

S'il est déjà difficile de traduire des œuvres contemporaines, combien ne sera-t-il pas plus difficile encore de traduire les œuvres des génies de l'antiquité qui ont vécu dans un milieu si différent du nôtre ? Saint Jérôme dit qu'Homère, traduit en latin, ou même mis en prose dans sa propre langue, n'est plus Homère.

« *Quod si cui non videtur linguæ gratiam interpretatione mutari, Homerum ad verbum exprimat in latinum. Plus aliquid dicam; eumdem in sua lingua prosæ verbis interpretetur*. *Videbit ordinem ridiculum, et poetam eloquentissimum vix loquentem.* » (S. Hyeronimi præfat.)

Ce n'est qu'en se mettant directement en rapport avec l'antiquité, en comprenant et parlant sa langue, qu'on peut vraiment saisir sa pensée.

C'est également un leurre de songer à remplacer les auteurs anciens par nos auteurs modernes. M. Lockroy, ministre de l'instruction publique, disait à une distribution des prix du grand concours que le temps est venu de remplacer Cicéron par Voltaire. Si le patriarche de Ferney sortait du tombeau, il serait le premier à protester contre cette substitution. Lui qui disait : « Toutes nos langues modernes sont sèches, pauvres et sans harmonie en comparaison de celles qu'ont parlées nos premiers maîtres, les Grecs et les Romains. »

Qu'un ministre de l'instruction publique, en Italie, proposât de substituer Dante à Virgile, il entendrait la voix de Dante s'élevant *dall' Inferno* pour protester contre cette substitution ; il l'entendrait dire, rendant justice à Virgile, qui fut son modèle, à qui il doit le beau style qui l'honore :

Tu sé lo mio maestro,
Tu sé solo, da cui, io tolsi so bello stile
Che mi ha fatto onore.

Le grand maître de l'Université qui proposerait en Angleterre de substituer Macaulay à Titus Livius serait très mal venu. L'historien anglais s'est proposé pour modèle l'historien romain, il en faisait sa lecture favorite. Il s'est si bien approprié sa manière d'écrire calme, sobre, honnête, qu'il a été surnommé le Titus Livius anglais; mais on n'admettrait pas pour cela qu'on oubliât le maître pour l'élève.

Balzac, dont on veut faire un auteur classique moderne, avait un culte pour les anciens. Il disait de Virgile qu'il serait le seul poète, n'eût été le Tasse, et que celui-ci serait le premier poète, n'eût été Virgile.

En fait de littérature, de poésie, de philosophie, comme en fait d'art, nous ne pouvons qu'imiter les anciens, nous ne pouvons que répéter ce qu'ils ont dit. Notre littérature n'est et ne peut être que l'art d'accommoder les restes. Labruyère l'a dit : « Nous sommes trop vieux de 6,000 ans pour faire du neuf. » Térence, qui s'inspira du poète Ménandre, reconnaissait déjà qu'il était difficile d'être original et de trouver du nouveau; ne dit-il pas dans son prologue de l'Eunuque : « *Nullum est jam dictum quod non dictum sit prius.* »

Plus nous étudierons les anciens, plus nous

nous convaincrons qu'en dehors de la science ils ne nous ont rien laissé à découvrir.

C'est pourquoi, au point de vue de l'économie de temps, mieux vaudrait étudier à fond les littératures greco-latines que de perdre des heures à feuilleter les élucubrations modernes. Mieux vaudrait boire à la source de la pensée humaine que de perdre son temps à remplir sa coupe à tous les ruisseaux qui en découlent.

« *Purius ex ipso fonte bibuntur aquæ.* »

Toutes les idées que nous ressassons ont occupé les anciens. Prenons un sujet quelconque, l'éducation de l'enfant par exemple. Tout ce que nous pouvons dire à ce sujet a été dit par les anciens. Prenons l'enfant à sa naissance. Le premier devoir d'une mère c'est, si elle le peut, de lui donner le sein. La femme trouvait jadis les mêmes raisons qu'elle trouve aujourd'hui pour s'affranchir de ce devoir. A-t-on jamais employé, pour l'y ramener, meilleur argument que celui employé par le philosophe Phavorinus. S'adressant à une nouvelle accouchée : « C'est contre nature, dit-il, ce n'est être
« mère qu'à moitié que de repousser loin de soi
« l'enfant qui vient de naître ! Il est inhumain,
« après avoir nourri dans ses entrailles de son
« sang quelque chose qu'on ne voit pas, de lui

« refuser son lait quand il est là vivant et
« implorant le secours de sa mère. »

Si nous prenions la peine de consulter les anciens que nous voulons mettre au rancart, nous verrions qu'en fait de puériculture et de pédagogie, ils sont encore les meilleurs conseillers à suivre. Sous ce rapport, il ne nous ont laissé la possibilité de prendre aucun brevet d'invention.

Après avoir lu ce que Quintilien, Cicéron et autres ont écrit sur la pédagogie, je me demande pourquoi on perd tant de temps à discourir sur une institution dont ces maîtres ont définitivement fixé les bases. Les questions de puériculture, d'enseignement des langues, de gymnastique, de sédentarité, d'internat, les anciens les ont étudiées et résolues. Et comme ils ont suivi les indications données par la nature et par l'observation des faits, ce qui nous reste de mieux à faire, c'est de nous souvenir de leurs préceptes et d'y revenir.

Est-ce simple coïncidence, ou bien y a-t-il rapport de causalité ? Toujours est-il qu'à mesure que notre commerce avec les anciens se ralentit, nous perdons peu à peu ces qualités exquises dues à une bonne éducation qui étaient jadis la caractéristique du Français : la politesse, les belles manières, le bon ton, le savoir vivre, l'élégance, le bon goût, l'urbanité de nos pères, cette galanterie française qui, partout, prévenait l'étranger en notre faveur disparaissent et font place à un rude sans-gêne fin-de-siècle. N'allons pas faire un paralogisme analogue à celui qu'ont fait les utilitaires, mais arrivant à une conclusion diamétralement opposée. N'établissons pas un rapport de causalité entre la décadence des études classiques et l'abaissement des manifestations intellectuelles. Bornons-nous à constater qu'il y a dégénérescence dans les arts, dans la littérature, perversion du goût et dépravation des mœurs. Dégénérescence sur toute la ligne ! Par un singulier hasard, cette dégénérescence cadre avec la décadence des études greco-latines. Singulier hasard, on dirait que le sentiment patriotique s'affaiblit à mesure que s'affaiblissent les études classiques. Singulier hasard, on dirait que c'est depuis qu'on tend à étouffer la voix de l'antiquité, toute vibrante de patriotisme, que celle des sans-patrie ose se faire entendre pour proférer ses odieux blasphèmes.

Depuis Renan notre littérature s'est-elle enrichie de beaucoup d'œuvres maîtresses ?

Elle n'a guère produit que des livres pornographiques, signe de corruption et de perversion du goût.

Il n'y a pas, disait Napoléon, de littérature séparée de la vie entière des peuples. Leurs livres ce sont leurs testaments, leurs conversations ou leurs rêves : judicieux, élevés, magnanimes, quand le peuple est grand ; vicieux, frivoles ou insensés, quand il se corrompt et s'abaisse. Ayons donc des lettres françaises dignes du concordat et de la paix de Presbourg, de Marengo et de Tilsitt, et pour cela ayons de fortes études et une jeunesse nourrie dans l'admiration du grand et du beau [1]. »

Le journal reflète mieux encore que le livre l'état des esprits et des mœurs. C'est surtout à propos du langage de la presse qu'il est vrai de dire avec Lucius Seneca : « *Genus dicendi publicos mores imitatur* ».

Tout dernièrement la presse actuelle était sévèrement jugée à l'Académie. On lui reprochait de sacrifier le côté littéraire au reportage, de ne plus comprendre sa haute mission comme elle était comprise encore au temps d'About, de Weiss, de Paradol, d'Alphonse Karr. Il y a pis à lui reprocher, ce sont ces campagnes de dénigrement et de calomnie entreprises contre les plus dignes et les meilleurs citoyens, et même

---

[1] Mémoires de Villemain. Entretien de Napoléon avec le Gal de Narbonne.

contre Carnot. Quand il fut poignardé, d'aucuns, las de l'entendre appeler le correct Carnot, s'efforçaient de ridiculiser celui dont ils ne pouvaient ternir la réputation.

Même perversion de goût dans le public des théâtres. Ce ne sont plus les pièces littéraires qui l'attirent, mais les pièces à falbalas. Il se préoccupe beaucoup plus de la coupe élégante donnée par Redfern à la robe des actrices que de la pièce même. Les féeries, le café-concert et l'hippodrome l'attirent bien plus que le Gymnase, l'Odéon et les Français. Le dédain du public pour le théâtre s'explique : le plus souvent on ne lui offre que bavardage sur une idée délayée jusqu'à la vingtième dilution, bavardage qui fatigue sans instruire.

En poésie, nous voyons l'obscurité nuageuse des vers de beaucoup de poètes prise pour la marque d'une grande profondeur poétique.

La chanson, qui fut jadis une des manifestations les plus charmantes de l'esprit français, est remplacée par des sons vides d'idées. Les gauloiseries finement gazées et provoquant la douce gaieté sont remplacées par des inepties de café-concert, telles que le *Bi-du-bout-du-banc* et *En voulez-vous des zhomards*.

En musique, la mélodie est remplacée par

l'orchestration ; l'inspiration par la science du contre-point.

En peinture, le luminisme, l'impressionisme, le réalisme, le pointillisme, remplacent l'art pur et vrai. La vogue dont jouissent ces soi-disant créateurs de procédés nouveaux et bizarres atteste l'absence ou la dépravation du goût. Qu'il s'agisse de reproduire la nature, de représenter un paysage, de faire un portrait, l'artiste y réussit parce qu'il est en possession du procédé. Mais s'il veut être poète, dans le sens primitif du mot; s'il veut inventer, l'imagination paraît lui faire défaut; il n'a pas l'étincelle. En fait d'allégorie, il nous donne des rébus; en fait d'originalité du baroque.

Notre littérature suit une marche parallèle à celle de la culture greco-latine. Suivant que celle-ci est plus ou moins en honneur, celle-là est plus ou moins florissante. Au moyen âge, notre génie national se met déjà à l'école du génie greco-latin qui, au XVIe siècle, va le façonner à son image. Nos écrivains reproduisent avec un vocabulaire nouveau, une forme nouvelle, et la tournure d'esprit qui leur est propre, des idées formulées déjà bien souvent sur l'agora, le forum et dans les thermes romains. Rabelais, Montaigne, Marot, Ronsard, du Bellay, font de si nombreux emprunts à l'antiquité que le libraire Geoffroy de Tory les appelle « Escumeurs de latin, pirates de grec ». Rabelais « transeant la sequane pour déambuler sur l'altre ripe », est latin par son vocabulaire, mais grec par ses conceptions; Ronsard est grec, Montaigne latin. Mais tout en pénétrant les œuvres de ces écrivains de son souffle inspirateur, l'antiquité laisse à chacun son originalité.

Au XVIIe siècle, le goût pour l'antiquité n'est pas moins vif, mais il est plus éclairé. C'est l'époque où les études latines sont le plus florissantes, c'est aussi celle où l'on écrit mieux le français, où se produisent les plus beaux chefs-d'œuvre littéraires.

Au XVIIIe et au XIXe siècle, les études greco-latines sont en baisse, et notre littérature passe de l'âge d'or à l'âge d'argent. Si dans ces dernières années des œuvres de valeur se sont produites, elles sont dues à des écrivains fortement imprégnés de latinisme, à Victor Hugo, Michelet, Taine, Renan, J. Simon.

Notre France fin de siècle tend à s'affranchir de l'antiquité greco-latine; elle se tourne vers le nord pour lui demander des inspirations. C'est à l'Allemagne qu'elle demande l'enseignement philosophique. Pour la littérature, la poésie, la musique, la peinture, l'art dramatique, nous nous mettons à la remorque des septentrionaux. En nous éloignant de la tradition greco-latine, si conforme à notre génie national, n'allons pas faire fausse route. Nous avons beaucoup à emprunter aux Anglo-Saxons, aux hommes du nord, aux descendants des Boruses. Empruntons-leur le calme, la pondération, le respect de l'autorité. Empruntons à ceux-ci la discipline militaire, à ceux-là l'esprit d'initiative, de *self-government* qui les rend indépendants de papa gouvernement et de maman administration ; empruntons-leur et leur activité commerciale, et leur génie colonial, et leur hardiesse pour les grandes entreprises ; mais quand il s'agit de littérature, de beaux-arts,

« doux fruit des beaux climats »

détournons-nous de ces contrées où la pensée, subissant l'influence du milieu, offre dans ses contours le flottant de la brume et de la fumée des tabagies. L'allemand nous plonge dans le vague, le confus, l'abstrait, dans les rêves fantastiques d'Hoffmann. Au contraire, les penseurs, les poètes, les artistes, les illustrations d'Athènes et de Rome nous transmettent toujours une pensée nette, claire et précise. Comparez Tite-Live à Gœthe, l'esprit le plus lumineux de l'Allemagne; le style de celui-là est simple, clair, ordonné, sans soubresauts; chez celui-ci la pensée est nuageuse, vaporeuse comme le fantôme qui surgit sur la terrasse d'Elseneur. Ces illustrations antiques que nous apercevons sur les degrés qui conduisent au temple du génie nous montrent la voie à suivre. Pour rester Français, restons fermement attachés à la tradition greco-latine.

UTILITÉ DU LATIN

COMME

PRÉPARATION AUX SCIENCES

Le plan d'attaque contre le latin a consisté à s'appuyer sur le manque d'utilité pratique de cette langue. Les vieilles études classiques ont fait leur temps, dit-on, elles ne servent à rien pour le commerce, l'industrie, l'agriculture. Et on est parti de là pour demander la transformation de notre république athénienne en une république utilitaire.

Etant donné l'acte d'accusation porté contre le latin, on aurait dû s'enquérir si cette langue mieux enseignée n'avait pas une utilité réelle ; c'était et c'est encore l'unique moyen de conjurer la proscription dont elle est menacée. On a omis de faire cette enquête. Nous allons y procéder de notre mieux.

Non seulement au point de vue éducatif et esthétique le latin est utile, mais il l'est à divers autres points de vue et présente en certains cas une utilité pratique qu'on ne soupçonne pas. Cette utilité il la montre tout d'abord en préparant le cerveau à l'étude des sciences. Grâce aux difficultés de sa syntaxe, il décourage un certain nombre d'élèves qui aspiraient aux professions libérales et les ramène vers l'agriculture, le commerce et l'industrie. Le latin nous fournit de précieux renseignements, grâce aux traités techniques de Columella, Vitruvius et autres. Il rend indirectement service au commerce en nous facilitant l'acquisition des langues romanes et spécialement de l'Espagnol, langue qui, dans plusieurs pays, sert aux transactions commerciales.

Le latin sert à l'intelligence du français et des langues Romanes. Il donne l'étymologie des mots qui composent leur vocabulaire et contribue à donner de la fixité à ces langues. Il sert à comprendre le vieux français ; nous met à même de profiter de cette littérature latine qui s'étend du ve siècle à nos jours, et dans laquelle nous trouvons émises bien des idées que nous croyons avoir découvertes.

Enfin, en facilitant aux étrangers l'acquisition du français, le latin sert à la diffusion de notre idiome. Il peut en certaines circonstances servir de moyen de communication entre les savants et les lettrés des différents pays et il pourrait être utilisé comme langue des congrès.

Je dirai tout d'abord que les langues greco-latines mettant successivement en jeu toutes les facultés de l'enfant et du jeune homme, elles les exercent une à une par leur mécanisme savant et compliqué, pour les combiner ensuite en cet ensemble merveilleux qu'on appelle la raison. Elles apprennent à apprendre et donnent à l'esprit une préparation générale qui lui confère toutes les aptitudes, lui permet de s'ouvrir aux choses de la science, de la littérature, de l'art. Elles ont constitué jusqu'ici pour la jeunesse française un milieu intellectuel et esthétique qui a été très favorable au développement de notre génie national. On attribue à la culture des lettres greco-latines la vigueur, la clarté, l'élégante simplicité de style qui caractérise nos meilleurs écrivains, depuis Rabelais jusqu'aux auteurs du xviie siècle; depuis Bossuet, Montesquieu jusqu'à Renan et J. Simon. On peut aussi leur attribuer le caractère communicatif de la science française; l'usage du syllogisme latin a peut être, plus qu'on ne croit, façonné notre langue à la démonstration scientifique.

Comme gymnastique intellectuelle on a bien voulu reconnaître que l'étude du latin vaut celle des langues vivantes. Ce n'est pas assez dire. L'étude du latin exige une grande contention de l'esprit, parce qu'avec ses tournures inversives, le sujet et le verbe pouvant se trouver séparés par toute la longueur de la phrase, il faut avoir celle-ci tout entière devant les yeux pour la comprendre. Le français vous permet de saisir la pensée au vol pour ainsi dire; il n'en est pas de même du latin. Et là où, avec une attention distraite, on pourrait encore saisir la pensée de l'orateur français dans son ensemble, celle de l'orateur latin deviendrait insaisissable. Que quelques mots vous échappent en entendant le récit de la fable du *Loup et de l'Agneau*, cela ne vous empêchera pas d'avoir une idée plus ou moins nette du rôle des deux personnages mis en scène. Mais que dans la démonstration d'un théorème de géométrie vous perdiez un mot, tout vous échappe. Eh bien ! le latin me paraît être, par rapport au français, comme exigence de la contention de l'esprit, ce que l'exposition d'un théorème géométrique serait au récit d'une fable. Tout comme la géométrie, le latin force l'esprit à se concentrer et à s'appliquer. Exigeant une plus grande contention d'esprit que les autres langues, le latin doit leur être supérieur comme gymnastique intellectuelle.

Trouver le sens d'une phrase latine, c'est souvent pour le débutant un véritable problème à résoudre qui exige la mise en jeu des facultés de l'entendement qui s'appliquent à la solution des problèmes scientifiques.

Voilà sans doute pourquoi l'étude du latin prépare merveilleusement à celle des sciences. « Voulez-vous, disait Fourrier, former un habile mathématicien, commencez par de fortes études littéraires. »

Napoléon s'exprimait dans le même sens et allait plus loin : « Les mathématiques sont une des applications de l'esprit, mais les lettres sont l'esprit même. » Aussi, voulait-il « dans les lycées, des études fortement classiques, l'antiquité et le siècle de Louis XIV, puis quelques éléments de sciences mathématiques et plus tard la haute géométrie qui est, disait-il, le sublime abstrait. » Les grands savants, chimistes, physiciens, mathématiciens, se rendant bien compte par eux-mêmes de l'heureuse influence exercée sur le développement intellectuel par les études greco-latines, s'accordent tous à reconnaître que pour développer en un pays l'esprit scientifique et en assurer la fécondité, il faut faire dans l'éducation nationale une large part aux *humanités*. L'enseignement classique prépare et facilite l'enseignement scientifique en lui prêtant sa méthode, ses habitudes d'exposition, d'analyse et de synthèse. Aussi constate-t-on à l'école normale que les plus forts en langues anciennes sont aussi généralement les plus forts en sciences. Hervé, directeur du *Soleil*, qui, à l'école normale, était à la tête des élèves de son cours pour les lettres, était aussi à leur tête pour les sciences. Dans les lycées, les meilleurs élèves pour les lettres sont généralement les meilleurs pour les sciences.

C'est parce qu'il savait à quoi s'en tenir par son expérience personnelle que notre grand chimiste Berthelot se montre si chaud partisan des études classiques. C'est pour la même raison que, lors de l'interpellation Combes, au Sénat, sur l'enseignement secondaire, le général Deffis, ancien commandant de Saint-Cyr, disait : « Il faut que nos officiers sachent le latin. » Le savant qui n'est pas doublé d'un lettré se trouve exposé à apporter dans l'appréciation des choses de la vie cette inflexibilité de principes qui souvent conduit à l'erreur; il est en même temps moins apte à exposer ses idées. Les savants du XVIIe et du XVIIIe siècle, Pascal, Descartes, Buffon, étaient en même temps des classiques. C'est parce qu'ils étaient disciples de la tradition greco-latine que les grands savants de cette époque ont pu être en même temps de grands écrivains. De nos jours, nous pouvons citer Geoffroy Saint-Hilaire, Ampère, l'inventeur de la théorie électrique, Arago, physicien et vulgarisateur de l'astronomie, Fresnel, à qui on doit la théorie moderne de la lumière, Pasteur, à qui est due la théorie microbienne de la fermentation, Janssen, Dumas, Bertrand, le physiologiste Cl. Bernard, les docteurs Trousseau, Lassègue, Meslier, autant de savants merveilleusement servis par de fortes études classiques, qui ont contribué à les rehausser encore et à les compléter.

L'ENSEIGNEMENT CLASSIQUE

au point de vue utilitaire

Les utilitaires ont cru faire œuvre patriotique en demandant la suppression des études greco-latines. Ils ont cru que c'était le meilleur moyen de favoriser les professions utiles ; de s'opposer à la manie du fonctionnarisme. Ils ne tarderont pas à reconnaître qu'ils sont allés à l'encontre de leur objectif.

Ils ont voulu un enseignement pour, soi-disant, former des agriculteurs, des industriels, des commerçants. Mais comme, pour donner du relief à cet enseignement, ils ont voulu également qu'il donnât, aussi bien que l'ancien, accès aux fonctions publiques, il adviendra fatalement que les élèves de cet enseignement entrant dans les carrières administratives et bureaucratiques, le nombre des aspirants fonctionnaires sera bien plus considérable. En réalité, les utilitaires auront favorisé la manie du fonctionnarisme qu'ils voulaient combattre et qui, chez nous, constitue une véritable plaie sociale.

La cause du mal c'est notre préjugé contre les professions manuelles ; préjugé qui pourrait bien tenir à la tradition biblique qui déshonore le travail en le présentant comme le châtiment d'une faute. Une autre cause du mal gît dans notre caractère : nous manquons de cette énergie, de cette initiative qui caractérise les yankee. Voilà pourquoi nous nous précipitons vers les carrières libérales, ainsi appelées sans doute parce qu'on leur sacrifie sa liberté et son indépendance.

Nous préférons gagner peu que de risquer les chances auxquelles s'expose l'industriel, le négociant qui court après une grosse fortune.

Voilà pourquoi tant de gens aspirent à manger tranquillement au râtelier de l'Etat; pourquoi le fonctionnaire, si peu considéré en Amérique où il n'est que le serviteur du public, est si envié chez nous où on ne se croit quelqu'un que si on est quelque chose, c'est-à-dire fonctionnaire.

Un employé d'un ministère, d'une préfecture, se croit supérieur à un raffineur, à un brasseur, à un viticulteur. Un clerc d'huissier regarde l'épicier comme un être inférieur : « être né pour être homme et n'être qu'épicier !... »

chantait sur un ton lamentable, dans un vaudeville, un clerc d'huissier que les circonstances amenaient à vendre de la cassonnade, alors qu'il avait rêvé de faire des exploits.

C'est surtout en province qu'on rencontre ces préjugés et surtout chez la femme. La fille d'un marchand de poudrette devenue femme d'avoué croirait presque se déshonorer en frayant avec la femme d'un marchand de chocolat.

Ce ne sont certes pas les mesures prises à l'instigation des utilitaires qui feront cesser la chasse aux places. Ceux-ci se sont étrangement trompés en accusant le grec et le latin de détourner la jeunesse des professions utiles. Loin de favoriser la manie du fonctionnarisme, l'ancien système d'enseignement lui apportait un frein salutaire. En effet, quand pour entrer dans une carrière gouvernementale, on exigeait la connaissance du grec et du latin, plus d'un reculait devant la difficulté de l'épreuve à subir. Manquant de l'énergie et de l'application qu'impose l'étude des langues anciennes, l'élève entrait à l'école préparatoire où il recevait les connaissances voulues pour faire de l'agriculture, du commerce, de l'industrie.

Rebelle à la culture du jardin des racines grecques, il se résignait à cultiver le domaine paternel, embrassant, à contre-cœur peut-être, une carrière qui devait lui apporter un bonheur plus sûr que la fonction gouvernementale qu'il ambitionnait :

> *Beatus ille qui, procul negotiis,*
> *Ut prisca gens mortalium,*
> *Paterna rura bobus exercet suis*
> *Solutus omni fœnore!*

Si notre élève que la crainte salutaire des examens a ramené vers l'agriculture n'eût pas été plus arrêté qu'on ne l'est aujourd'hui par les études gréco-latines, il eût passé son baccalauréat; il eût été perdu pour l'agriculture; serait rond de cuir dans un ministère ou employé dans une administration quelconque. Au lieu d'être indépendant, il franchirait, pour avoir de l'avancement, le seuil de l'appartement de son député,

> .... *Superba civium*
> *Potentiorum limina.*

On déplorait l'absentéisme rural et la rareté chez nous de ce type qu'on rencontre fréquemment en Angleterre et qu'on désigne sous le nom de *gentleman farmer*; ce sera bien pis si, plus facilement qu'autrefois, grâce à l'enseignement moderne...

> .... *Le fermier de son fief*
> *Fait orgueilleusement un robin de chef-lieu.*

Cela arrivera : les utilitaires ne se contenteront pas de ce qu'ils ont obtenu. Ils veulent l'équivalence complète des deux baccalauréats ; ils demandent pour l'élève de l'enseignement moderne l'accès à l'école de médecine. M. le Dr Potain leur en a barré l'entrée. Ils reviendront à la charge et ne trouveront plus les mêmes résistances. Le seuil de l'école de médecine franchi, ils forceront les portes de l'école de droit. Ils démontreront qu'à l'aide de traductions du Digeste et des Institutes on peut devenir apte à rendre des jugements, de même qu'à l'aide de traductions d'Hippocrate et de Galien, on peut devenir apte à faire des ordonnances médicales. Permettre à l'élève de l'enseignement moderne de s'inscrire à l'école de droit ou de médecine, c'est fournir à la misère en habit noir de plus nombreuses victimes.

L'enseignement gréco-latin, terminé par un examen, qui devrait être de plus en plus difficile, voilà la digue à opposer au flot envahisseur des aspirants fonctionnaires ; voilà le moyen de faire refluer la jeunesse vers le commerce, l'industrie et l'agriculture. En éventrant cette digue, en facilitant l'accès des carrières libérales, les utilitaires nuisent aux branches de l'activité humaine qu'ils veulent favoriser, ils vont multiplier le nombre des déclassés et des mécontents.

On reproche à l'enseignement latin de n'avoir pas un but pratique. Rien de plus facile que de lui en donner un immédiatement utile. Qui empêche de mettre aux mains des élèves d'autres livres que ceux qui traitent constamment des conquêtes de Rome ou de questions trop abstraites pour son âge. Faire expliquer à l'enfant qui entre dans la vie le *de senectute*, le *de officiis*, le *de amicitia* ce n'est assurément pas faire de l'opportunisme. On ne l'amuse que bien médiocrement en le promenant sur tous les champs de bataille de l'antiquité, en le faisant assister aux guerres puniques, aux guerres de Rome en Numidie, en Ibérie, en Gaule, en Germanie. Traités Cicéroniens et perpétuels récits guerriers deviennent pour lui choses fastidieuses et lui rendent odieuses les études classiques. Que ne donne-t-on à l'enfant des livres en conformité avec ses goûts et ses aspirations. Au lieu du *de senectute*, du *de bello gallico*, que ne lui met-on en mains un *de Re Rustica*. Les membres de la ligue pour la paix applaudiraient des deux mains à ce changement d'outillage pédagogique et l'enfant y trouverait son compte. Le spectacle de la nature, tout ce qui a trait à l'histoire naturelle, à la vie agricole l'intéresse. Qu'on tienne donc compte de cette disposition de son esprit; qu'on l'introduise aux études classiques non en lui faisant traverser des champs de bataille, mais des champs de blé; non en lui faisant contempler le sang qui souille l'arène, mais le vin qui coule du pressoir. On ne nous fait connaître le Romain que comme guerrier, ce n'est guère que par les *Géorgiques* que nous le connaissons comme agriculteur, et pourtant la profession agricole était si en honneur chez le Romain, qu'il la quittait toujours sans jamais monter et la reprenait sans jamais descendre. L'ennemi vaincu, Cincinnatus reprenait sa charrue; ses fonctions remplies, le sénateur retournait à ses moutons :

Pascebatque suas ipse senator oves.

Un pays où la vie champêtre a été chantée par les poètes sur tous les tons ne pouvait manquer d'avoir ses écrivains agronomes. Le premier en date c'est Porcius Caton. Dans son *de Re Rustica*, il donne aux agriculteurs de son pays un conseil qui est encore bon à suivre aujourd'hui; *stabula*, leur dit-il, *stabula*, l'élevage, l'élevage voilà le moyen de s'enrichir.

Nous possédons un autre *de Re Rustica* dû à la plume de Térentius Varron, le plus érudit des Romains, si on en croit Quintilien ; celui qui maniait le mieux la langue latine et était le plus versé dans les antiquités grecques et latines.

Mais le *de Re Rustica,* par excellence, est celui de Columella, contemporain de Tibère et de Claude. L'élève puiserait de sérieuses connaissances en économie agricole, dans ce livre trop peu lu et qui est écrit dans la plus pure latinité. Columella est d'un style élégant, même quand il entre dans le détail des plus vulgaires occupations de la vie agricole. Cet auteur, dont on eût dû depuis longtemps faire un classique, naquit à Cadix vers le milieu du premier siècle de l'ère chrétienne. Son père était agronome et la race des mérinos ne serait rien moins que le produit obtenu en croisant des moutons andalous avec des moutons qu'il fit venir de Mauritanie.

Après avoir beaucoup voyagé et comparé les diverses méthodes de culture pour obtenir des produits similaires, Columella se fixa à Rome et y écrivit son *de Re Rustica.* C'est un traité d'agriculture des plus complets : élevage des oiseaux de basse-cour, conservation des fruits, manière de les confire, plantes les plus aptes à rendre la vache laitière, fleurs fournissant le plus riche pollen à l'abeille, signes pour reconnaître une eau potable; tout est indiqué jusqu'aux qualités que doivent avoir un bon valet de ferme, un chien de garde, un chien de berger.

On nous présente comme des innovations des procédés qui sont mentionnés par Columella. Ainsi, par exemple, on ne sera pas peu surpris de constater que la pratique des engrais verts lui était connue. Il la conseille comme un moyen économique de fumer la terre.

« Le cultivateur qui n'a pas de ressources trouvera, dit Columella, dans la semaille du lupin un secours des plus efficaces si son champ est épuisé. Que vers le milieu de septembre il enterre, à l'aide de la charrue, le lupin qu'il aura préalablement déraciné avec la houe, ce faisant, il se procurera un excellent engrais. »

Ainsi donc Columella indiquait déjà le moyen de faire reposer la terre tout en la faisant produire, et, au commencement de ce siècle, nos laboureurs mettaient encore leur terre en jachère! Ici encore la pratique a précédé la théorie. Columella ignorait que c'est parce qu'il puise sa nourriture dans l'azote de l'air que le lupin laisse reposer la terre. Il ignorait que les petits renflements qui existent sur les radicelles du lupin, du trèfle, de la luzerne et autres légumineuses, sont des petits laboratoires qui, sous l'influence de micro-organismes, fixent l'azote libre de l'air. Columella ignorait que le lupin enfoui dans le sol se transformait en azotates qui servent ensuite d'engrais aux céréales. Mais il avait remarqué que les légumineuses amélioraient la terre, il les signalait comme plantes améliorantes. La science nous explique aujourd'hui pourquoi il en est ainsi.

A part la chimie agricole, à part les nouveaux instruments aratoires dus au progrès de la mécanique, on ne peut rien enseigner à l'école de Grignon dont il ne soit fait mention dans le *de Re Rustica* de Columella.

Pline et le père Vanière, auteur du *prædium rusticum*, compléteront l'instruction agricole donnée à l'élève par Columella et Terentius Varro.

Donc, indirectement, le latin a pu être utile à l'agriculture et, si on le voulait, il pourrait lui être directement utile.

L'élève pourrait ensuite demander à Vitruvius Pollio des renseignements sur l'architecture romaine, renseignements qui l'intéresseraient tout autant que ceux qu'on lui donne sur l'armement et le fourniment du soldat romain, sur la longueur de son javelot, de sa lance, sur les combats de gladiateurs.

Chargé par Auguste de veiller à la construction

et à la conservation des édifices publics, Vitruvius consacra ses loisirs à écrire son *de architectura*. La dernière partie de cet ouvrage est consacrée à la construction des aqueducs, des horloges solaires et à la mechanique.

Pas plus en architecture qu'en agriculture, le Romain ne nous laisse la possibilité de faire des découvertes.

Les charpentes métalliques, usitées en France depuis une quarantaine d'années seulement, étaient couramment employées par les Romains ; ils se servaient du zinc pour la décoration architecturale comme on peut s'en convaincre en visitant Pompéï.

M. Ch. Normand, dans un mémoire sur l'emploi du métal dans l'architecture antique, nous apprend que chez les Romains les portes et les fenêtres se faisaient en bronze ou en fer, tantôt appliqué sur bois, tantôt massif. Les murs et les plafonds étaient revêtus de fer, d'airain, d'orichalque, d'argent ou d'or. On fabriquait beaucoup de grilles d'airain ornées d'argent ou d'or. Les poutres et solives du panthéon de Rome étaient de bronze et creuses pour en alléger le poids et économiser la matière. Le plomb en feuilles servait souvent à la couverture des maisons. Pour les ais de portes, on employait le fer, le bronze, l'argent ou l'or

Les linteaux, jambages et parfois les seuils de porte se faisaient en bronze, en argent ou en airain. On faisait des ornementations à l'aide d'incrustations ou de bandes métalliques ornées au repoussé. Le fil de fer était connu, et les anciens parlent de maisons de cuivre.

On eût dû depuis longtemps mettre aux mains de l'élève des auteurs techniques comme Columella et Vitruvius où il puisse, outre des notions de latinité, puiser des renseignements utiles pour la vie matérielle et ne pas le confiner éternellement dans l'étude exclusive d'un latin purement littéraire et académique. Nos agronomes eussent sans doute connu plus tôt la pratique de l'assolement; nos architectes eussent employé plus tôt des poutres en fer dans les constructions, si les deux auteurs techniques dont il vient d'être question n'eussent été depuis trop longtemps mis à l'écart.

LE LATIN

au point de vue commercial

Bien des gens seront surpris d'entendre affirmer qu'au point de vue commercial le latin nous est plus utile que l'allemand. Il est facile de démontrer la vérité de cette assertion. La langue tudesque ne nous permet d'entrer en rapport commercial qu'avec l'Allemagne et l'Autriche. Il y a, il est vrai, beaucoup d'Allemands aux Etats-Unis ; mais tous parlent l'anglais et beaucoup ne parlent pas la langue de leurs pères.

Le commerce que nos négociants ont à faire avec Hambourg, Francfort, Düsseldorf, Berlin, Vienne, Linz, ne les oblige pas si impérieusement à parler le tudesque ; ne leur répond-on pas en français dès qu'ils se mettent à écorcher l'allemand ? Ajoutons qu'avec le latin on a chance de se faire comprendre en Allemagne. Des négociants dans leurs rapports commerciaux s'y servent encore de cette langue. En veut-on la preuve ? Voici la reproduction d'une indication qui accompagne un colis expédié par une maison d'Allemagne à M. Misani, professeur de chimie à l'Institut technique de Cremone :

Pond. cineris unius Filtr. diamètr. 9 cm.

0,00011 *gramm.*

Analyt.
D*ʳ N. Caspary.*
Ad retinenda præcipitata difficillima
(Calciumoxalat, Bariumsulpat, etc., etc.),
digere liquorem per decem fere horas.

Sur un autre colis figure cette étiquette

Charta filtratoria acido hydrochlorico
et fluorico extracta
C. Schleicher et Schull.

Les expéditeurs ont pensé, et avec raison, qu'ils avaient plus de chance de se faire comprendre en Italie en recourant au latin qu'en recourant à l'allemand. Il faut reconnaître toutefois que, depuis que M. Méline fait faire à la France sa funeste expérience du protectionnisme à outrance, les rapports commerciaux entre l'Allemagne et l'Italie s'étant énormément multipliés à nos dépens, beaucoup de jeunes

Italiens se sont mis à parler allemand. Nous y avons perdu au point de vue de notre commerce et de la diffusion de notre langue.

On n'est pas en droit de dire, comme on l'a dit, que le latin n'est d'aucune utilité à qui veut visiter l'Allemagne, soit comme commerçant, soit comme savant. Etant à Vienne en 1872, je suivis la clinique du célèbre chirurgien Bilroth. Bien que ne connaissant que trois ou quatre mots d'allemand, j'ai pu comprendre le savant professeur. Cela s'explique : les mots dont il se servait pour faire sa leçon étant, pour la plupart, d'origine grecque ou latine. Qu'il s'agisse en effet d'anatomie, de chirurgie, de physiologie, de pathologie, de botanique, d'histoire naturelle, on a toujours recours à des expressions gréco-latines qui sont les mêmes pour tous les pays. De sorte qu'il y a là, pour les savants, un commencement de Volapuck.

Un temps fut où le latin était la langue la plus utile pour voyager.

« Le latin, disait l'abbé Fleury, est fort utile aux gens d'épée quand ce ne serait que pour les voyages. Cette seule langue peut conduire dans tout le nord et tient lieu de plusieurs autres. »

Dernièrement un jeune étudiant Français, M. Maurice Emmanuel voyageait dans le Tyrol.

Ne connaissant pas la langue du pays, il était fort embarrassé. Il arrive un jour dans un village et s'adresse au Syndic pour avoir quelques renseignements.

Celui-ci voyant qu'il n'était pas compris en parlant allemand, s'exprima en latin. Bien que parlant cette langue avec un accent différent les deux interlocuteurs se comprirent parfaitement.

A partir de ce jour le jeune touriste ne se sentit plus aussi isolé dans ce pays qui n'est autre que l'ancienne Rœtia, que Polybe nous dit avoir été colonisée par les anciens Etrusques. C'est ce qui nous explique comment s'est propagé dans cette région le parler rhétique ou langue rhéto-romane fille du latin, au même titre que la langue daco-romane ou Valaque.

L'allemand ne vous sera utile que pour voyager en Allemagne. Le latin peut vous être utile pour voyager partout. Le latiniste sera compris dans beaucoup plus de pays qu'on ne se l'imagine. Nous jugeons trop de l'ignorance des autres nations en langue latine par notre propre ignorance.

Il est bien certain qu'un Polonais ou un Bulgare, qui arriverait en France n'ayant d'autre moyen de communication que sa propre langue et le latin, trouverait difficilement quelqu'un qui pût le comprendre. Mais en Angleterre, en Ecosse, en Hollande, en Allemagne, en Autriche, en Hongrie, en Roumanie, en Russie, où l'on étudie moins superficiellement qu'en France la langue de Cicéron, un latiniste aurait encore chance de trouver à qui parler. Il y a trop peu de temps que, dans ces pays, on a cessé d'étudier le latin sérieusement pour que prêtres, médecins, avocats d'un certain âge, ne soient encore à même de converser en cette langue. Je pourrais, pour démontrer ce que j'avance, m'appuyer sur une foule de faits. Le Dr Monteverdi, de Crémone, m'a raconté qu'après avoir terminé ses études médicales à Pavie où les cours étaient faits en latin, il vint se fixer à Crémone ; c'était à l'époque de la domination autrichienne. Crémone était alors occupée par une garnison hongroise; les Hongrois n'inspiraient pas en Italie la haine profonde qu'on ressentait alors pour les Autrichiens. Au café, le jeune docteur rencontrait de jeunes officiers hongrois, sortis de l'Ecole des Cadets et ayant reçu la meilleure éducation. Ceux-ci faisant des avances au jeune docteur, il lia conversation avec eux en langue latine qu'ils parlaient comme leur langue maternelle. Même, aujourd'hui, un Hongrois a plus de chance de se faire comprendre en Italie en parlant le latin qu'en parlant l'allemand.

Pour qu'on puisse en apprenant le latin se préparer à apprendre les langues neo-latines, il faut prendre l'habitude de le prononcer à l'italienne, c'est-à-dire en tenant compte des longues et des brèves. A Oxford, à Cambridge, on a, nous assure-t-on, compris qu'il fallait adopter cette prononciation. Chez nous, personne jusqu'ici n'a eu souci de l'*Orthopéia,* et c'est une des raisons pour lesquelles nous ne tirons pas de l'étude du latin tous les avantages qu'elle devrait nous procurer. — Je suis aise de pouvoir appuyer mon opinion sur cette déclaration que je trouve dans le rapport du Dr Potain, sur les études médicales et le baccalauréat moderne : « Il est entendu, dit-il, que l'étude des langues anciennes ne dispense en aucune façon de celle de langues actuelles. Tout au contraire, elle y prépare fort utilement, en ce qui concerne au moins un certain nombre d'entre elles. A qui possède la connaissance du latin, l'accès de toutes les langues latines devient ultérieurement facile, et il est aisé de s'en rendre maître dans la mesure nécessaire pour l'utilisation médicale ». On peut ajouter et pour l'utilisation commerciale.

Prenons au hasard quelques mots latins, et mettons en regard leurs dérivés, pour montrer l'analogie du latin avec les langues romaines :

LATIN	FRANÇAIS	ITALIEN	ESPAGNOL
Ambitiosus	ambitieux	ambizioso	ambicioso
Adiposus	adipeux	adiposo	adiposo
Deliciosus	délicieux	delizioso	delicioso
Contentiosus	contentieux	contenzioso	contencioso
Fibratus	fibreux	fibroso	fibroso
Biliosus	bilieux	bilioso	bilioso
Generosus	généreux	generoso	generoso
Mysteriosus	mystérieux	misterioso	misterioso
Copiosus	copieux	copioso	copioso
Obsequiosus	obséquieux	ossequioso	obsequioso
Monstruosus	monstrueux	mostruoso	monstruoso
Somptuosus	somptueux	sontuoso	sumtuoso
Luminosus	lumineux	luminoso	luminoso
Curiosus	curieux	curioso	curioso
Silenciosus	silencieux	silenzioso	silencioso
Studiosus	studieux	studiozo	estudioso
Verbosus	verbeux	verboso	verboso
Prodigiosus	prodigieux	prodigioso	prodigioso

On pourrait prolonger indéfiniment cette liste et en faire une analogue pour les verbes et les substantifs.

Quelques personnes d'initiative ont pensé qu'il serait utile de profiter de la XIIIe exposition de Bordeaux pour ouvrir un congrès de langues Romanes. Rapprocher les peuples latins en resserrant les liens intellectuels et commerciaux qui les unissent. Rechercher les moyens de répandre la connaissance pratique et théorique des idiomes issus du latin, idiomes que parlent les peuples qui ont civilisé le monde, tel est le noble but que se proposent les organisateurs de ce congrès. Quels moyens vont être proposés pour atteindre ce but ? Je l'ignore, mais le meilleur moyen, me semble-t-il, de répandre la connaissance des langues romanes, c'est d'encourager l'étude du latin puisque cette langue donne la clef des idiomes neo-latins, ses dérivés. Exception faite pour le dialecte vénitien très voisin de la langue mère, il y a moins de différence entre le latin et les langues neo-latines qu'il n'y en a entre l'Italien et les divers autres dialectes, le Piémontais, le Milanais, le Crémonais, le Bolonais, le Napolitain, le Sicilien et le Corse. Pour apprendre ces divers dialectes, quelle est la plus courte voie ? étudier l'italien leur langue mère. De même pour connaître les langues romanes, le plus court moyen c'est d'étudier le latin leur langue mère.

Le latin vous donnant la clef des langues neo-latines vous met, en quelques mots, à même de les apprendre. En quelque mots, si vous savez le latin, vous saurez l'espagnol. Or, cette langue que nous négligeons trop, nous met en rapport avec des contrées avec lesquelles il y a lieu à des échanges plus importants que ceux qui peuvent se faire entre la France et la Germanie. La France pourrait avoir, avec les Hispano-Américains, qui ont pour nous tant de sympathies, un commerce beaucoup plus actif. Nous négligeons beaucoup trop la clientèle que nous offrent le Mexique, le Chili, le Pérou, les républiques centre Amérique : Honduras, Equateur, Costa-Rica, Guatemala, La Colombie, le Venezuela, la République argentine, Saint-Dominguo, Porto-Rico, la Havane.

Excepté aux Etats-Unis, on parle en Amérique les langues neo-latines, français au Canada, à la Guyane, à Haïti, à la Martinique, dans les Antilles françaises, et à la Louisiane, quelque peu encore.

A Montevideo, dit-on, l'italien domine. Dans le reste de l'Amérique, la langue usitée est l'espagnol, et au Brésil c'est le portugais, qui, suivant Sismondi, n'est que le castillan désossé, c'est-à-dire un espagnol dont une partie des consonnes a été enlevée.

Je pourrais ajouter que sur la côte marocaine, de Melilla à Tanger, de Tanger à Mogador et Safi, l'espagnol est la langue des juifs marocains, qui concentrent entre leurs mains tout le commerce du Maghreb.

Que l'on compare les échanges qui ont lieu entre la France et les pays où on parle l'espagnol avec nos échanges avec la Germanie, et l'on comprendra combien il est plus utile, au point de vue commercial, d'apprendre le latin qui initie à l'espagnol et aux autres langues neo-latines que d'apprendre l'allemand.

Je devrais aussi mentionner la Roumanie dont la langue est neo-latine, et facile à apprendre pour qui a étudié le latin.

Ce n'est pas tout : la langue anglaise est composée, comme on sait, de mots saxons venus du Nord et de mots latins venant du Midi. Grâce au latin, vous entrerez très vite en possession de toute cette partie du vocabulaire anglais où figurent les mots se terminant par *able* et par *ion* (table, opinion), qui correspondent aux mots latins ayant la terminaison *bula* et *io* (tabula, opinio).

Assurément, le latin ne vous aidera pas à comprendre Dickens qui recourt plutôt aux mots saxons qu'aux latins, mais il vous aidera à comprendre, au bout de quelques jours, le *Dr Antonio*, de Ruffini, parce que dans l'anglais de Ruffini dominent les mots d'origine latine. On dit bien que le latin est la clef des autres langues, mais on ne se rend pas assez compte jusqu'à quel point cela est vrai.

Voilà pour les études latines un côté utile et pratique qui mérite d'être mis en saillie et qu'on avait omis de signaler.

ETYMOLOGIES GRECO-LATINES

Le latin facilite l'étude des langues Romanes

Il n'y a que ceux qui savent bien le latin qui savent bien le français, disait Louis XVIII à Barbier Weymar, éditeur de l'*Hermès Romanus*. Notre langue dérivant du latin, on comprend qu'il soit utile, en effet, pour la bien connaître, de pouvoir établir la filiation étymologique des mots qui la composent. C'est ce que pensait cet inspecteur des écoles primaires qui, au moment même, chose bizarre, où l'on proposait de supprimer la langue latine dans les lycées, proposait, pour les écoles primaires, l'enseignement des étymologies latines.

Tout récemment, M. de Lacaze-Duthiers, en ouvrant, comme président, la séance publique annuelle de l'Académie des sciences, s'est fortement élevé contre les phonétistes qui voudraient simplifier notre langue en écrivant les mots comme on les prononce. Il proteste contre la suppression du *ph*, de l'*y* et du *th*, et démontre, par des exemples, à quelles erreurs, à quelles confusions le langage phonétiste donnerait lieu. « Aujourd'hui, dit-il, on s'occupe fort du transformisme, et cette théorie a conduit à créer des mots nécessaires qui permettent de s'exprimer clairement sans périphrases. Lorsqu'on recherche quelle a été la filiation des êtres qui se sont succédé, en variant de forme, et ont dû être, d'après la théorie, les ancêtres les uns des autres, on appelle *phylum* l'ensemble de cette chaîne de races ancestrales. Le mot grec γυλή, qui a servi à former le mot *phylum* en changeant, c'est une convention, γ en *ph* et υ en *y*, a un sens précis, et la convention que je viens de relever aide singulièrement à en retrouver l'origine ; supprimez le *ph* et l'*y*, comme on le demande, et vous aurez *filum* par un *f* et un *i*, mot latin signifiant fil à coudre. »

Voilà un exemple des confusions auxquelles nous conduirait le phonétisme et l'oubli de l'étymologie. « On peut, ajoute M. de Lacaze-Duthiers, porter ce défi avec la plus absolue confiance : il est impossible de faire un pas dans les sciences naturelles sans se heurter à la nécessité de connaître les étymologies des mots qu'on rencontre à chaque pas, à chaque ligne ; car, à chaque pas, on trouve l'orthographe étymologique respectant non seulement le *ph* et l'*y*, mais aussi le *th* et le *ch*.

M. de Lacaze-Duthiers dit encore : « C'est un besoin pour notre esprit de rechercher le sens vrai, le sens primitif d'un mot que nous entendons ou lisons pour la première fois. Il m'est arrivé souvent de voir l'embarras d'une jeune personne cherchant à savoir ce que signifiaient les mots botaniques qu'elle devait apprendre par pure mémoire, sans autre secours. Le mot géranium l'avait intriguée particulièrement : en lui montrant le fruit de la plante rappelant le long bec de la grue, qui s'appelle en grec γέρανος, je vis bientôt le contentement suivre l'explication. »

En plaidant en grâce pour le *ph*, l'*y*, le *th* et le *ch*, condamnés à mort par les phonétistes, M. de Lacaze-Duthiers s'est fait l'avocat des études greco-latines.

De son côté, M. le professeur Potain, rapporteur d'une commission qui avait à décider si le baccalauréat restreint pouvait donner accès aux études médicales, a hautement déclaré que les études greco-latines étaient nécessaires au futur étudiant en médecine. Et, à l'unanimité, la commission a adopté les conclusions de son rapporteur. Dans son rapport, le Dr Potain dit fort justement : « Notre terminologie si simple, si aisée pour qui s'y trouve préparé par des études antérieures, imposerait à tout autre des efforts de mémoire qu'il est singulièrement utile, au moment où l'on aborde la médecine, de pouvoir réserver à des objets d'une plus haute importance. L'intelligence moins aisée, moins précise, moins complète des termes, sera toujours chose singulièrement fâcheuse en des matières où la clarté est trop souvent difficile à mettre et toujours cependant si désirable. »

Les Gaulois, vaincus par les Romains, ont adopté leur langue. Ils avaient un parler très bref, au dire de Diodore, c'est ce qui les conduisit à raccourcir un très grand nombre de mots de la nouvelle langue qui leur était imposée. C'est ainsi qu'ils ont fait de *donum* don, de *lacus* lac, de *tempus* temps, de *promptus* prompt, de *troncus* tronc, de *meatus* meat, de *nomen* nom, de *usus* us, de *damnum* dam, de *surdus* sourd, de *lupus* loup, de *multum* moult ; ils ont dû écrire dans le principe surd, lup, mult, en se conformant à la prononciation latine de l'*u* partout adoptée, excepté en France.

Les Gaulois ont dû introduire dans la nouvelle langue quelques-unes de leurs expressions celtiques.

D'autre part, dans le Nord, la langue latine a dû donner droit de cité à quelques mots scandinaves apportés par les Normands, pendant que, dans le Midi, les colonies grecques de

Marseille, d'Arles imposaient à l'idiome romain parlé en Gaule un grand nombre d'expressions helléniques.

Quoi qu'il en soit, l'apport dans notre langue des éléments étrangers au latin et au grec est infime, et on s'en convainc en ouvrant le dictionnaire de Noël, ou celui de Daudet qui, l'un et l'autre, donnent l'étymologie pour chaque mot.

Rien, d'ailleurs, n'est plus propre à démontrer la filiation de notre langue que la lecture des vieux auteurs français, pour l'intelligence desquels les souvenirs de latinité sont indispensables, car le français qu'ils ont à leur service n'est encore qu'une sorte de latin vulgaire qu'ils transforment.

Le croirait-on ? c'est en Allemagne, c'est en Prusse, c'est à Bonn que devaient se rendre, il n'y a pas longtemps encore, ceux qu'intéressent l'étude du vieux français et des langues romanes. Ils se pressaient au pied de la chaire du professeur Dietz, aussi versé dans la poésie chevaleresque, aussi au courant des chansons de Roncevaux que le professeur qui occupe la chaire Dantesque à Rome peut être versé dans la poésie d'Aligheri. Ce phénomène renversant s'explique : nombreux encore sont les savants en *us* qui, en Allemagne, se plaisent à flirter avec les muses latines ; les sérieuses études qu'ils ont faites leur permettent de passer du domaine de la latinité dans celui de ses diverses transformations sans qu'ils s'y trouvent trop dépaysés.

Aujourd'hui, un phénomène inverse se produit : c'est à Paris que les étudiants étrangers viennent pour suivre aux cours de MM. Paul Meyer et Gaston Paris les évolutions du latin à travers les âges et les divers pays, et ses transformations en espagnol, français, italien, latin, portugais, provençal et roumain.

Supprimer le latin ou en faire une étude absolument illusoire, c'est rendre quasi impossible la lecture de nos vieux chroniqueurs, de nos vieux auteurs français.

Et pourtant quel intérêt ne doivent-ils pas avoir pour nous les écrits de ceux qui furent les créateurs de notre idiome, de cet idiome déjà si plein de charme au treizième siècle, alors qu'il était à peine ébauché que déjà un Italien, Brunetto Latini, disait qu'il constituait une *parlure délectable.* Cette belle parlure ne s'éloigne guère alors de l'idiome romain que de la distance qui sépare un dialecte de la langue qui lui a donné naissance. C'est, du reste, ce qui peut être dit des autres langues romanes ou néolatines, qui, ainsi que l'indique le mot, peuvent, jusqu'à un certain point, être considérées comme des dialectes s'éloignant plus ou moins de la langue mère.

Rien n'explique l'engouement actuel pour l'allemand. C'est une langue tout autant et même plus inversive que le latin ; car il arrive souvent qu'un verbe allemand composé se trouve coupé en deux moitiés dont l'une commence la phrase, tandis que l'autre est rejetée à la fin. L'allemand n'est pas à beaucoup près aussi harmonieux que le latin. Le reproche adressé aux langues anciennes, et qui consiste à dire qu'on les étudie sans pouvoir les parler, peut être adressé également à l'allemand. C'est la méthode employée par l'université qui produit ce résultat. Si cette méthode peut être changée pour l'allemand, elle pourrait l'être aussi pour les langues anciennes.

On veut nous mettre en rapport avec la littérature allemande, soit ; mais la pensée tudesque a tout d'abord été répandue dans des ouvrages écrits en latin. Ce n'est guère qu'au dix-huitième siècle qu'elle se traduit en allemand.

Alors que, sous Louis XIV, notre langue paraissait arrivée au summum de fixité et de perfection et avait déjà donné naissance à tant de chefs-d'œuvre ; les auteurs allemands trouvant que leur idiome était encore pauvre et incorrect, lui préféraient le latin. Jusqu'à ces derniers temps, celui-ci a été au delà du Rhin la langue du lettré et du savant, le principal véhicule de sa pensée. On était arrivé en Allemagne à un si haut degré de perfection dans le maniement de la langue latine qu'un lettré, Freyscinius, a tenté, en empruntant le style et la manière de Tite-Live, de remplacer celles de ses décades, qui ne sont pas arrivées jusqu'à nous. Les critiques trouvent la lacune merveilleusement comblée.

Non, on ne va pas de plein-pied du français à l'allemand et à l'anglais comme l'a affirmé Frary ; mais on va directement du latin aux langues néolatines qui, tout en ayant chacune leur physionomie propre, ont entre elles un véritable air de famille :

... « *Non facies omnibus una*
Nec diversa tamen, qualis decet esse sororum. »

Etant donnée la filiation de notre langue, on s'explique cette recommandation du célèbre Arnaud à un jeune homme qui le consultait sur les moyens de se former le style. Lisez Cicéron, lui disait Arnaud. Mais, reprenait le jeune homme, c'est en français que je veux écrire. Lisez Cicéron, répliquait Arnaud. Nous avons sous les yeux la preuve que le conseil d'Arnaud a bien sa raison d'être et est justifié par les faits. Quels sont et quels ont été nos meilleurs journalistes ? Ne sont-ce pas des normaliens, c'est-à-dire des latinistes, des cicéroniens : Weiss, Paradol, About, Lemoine, Hervé, Frary, Bigot, Sarcey, Simon, H. des Houx.

Le latin nous met nous, Français, à même de mieux comprendre notre idiome, de comprendre nos vieux auteurs et certains auteurs du dix-septième siècle qui, eu égard à leurs tournures latines, sont difficilement compréhensibles pour celui qui est étranger à la langue romaine. Pour avoir le vrai sens des mots, pour apprécier les nuances les plus délicates de l'expression, pour bien saisir les lois grammaticales, rien ne vaut le thème latin, la version latine. En se livrant à cet exercice, l'enfant apprend en même temps la grammaire française et trouve la raison de nos règles syntaxiques.

Dans une circulaire que M. Martini, ministre de l'instruction publique en Italie, adresse aux directeurs des gymnases, cette manière de voir est pleinement confirmée :

« J'ai toujours considéré, dit-il, que le principal but des études latines, dans l'enseignement classique, pour le plus grand nombre des élèves, doit être de les amener graduellement à comprendre les grands auteurs romains, de manière à leur rendre accessible, et en grande partie au moins familière, cette glorieuse et belle littérature, et *de les mettre à même, en leur faisant traduire des auteurs latins, de penser et d'écrire correctement en italien.* »

Les rapports académiques en Italie ont établi que les élèves des lycées écrivent bien plus correctement l'italien que ceux de l'Institut technique qui correspond à notre enseignement spécial. Il est probable que si la même comparaison était faite en France, en Espagne, en Portugal, en Roumanie, on arriverait à la même constatation. On serait autorisé dès lors à donner plus d'extension à la parole de Louis XVIII et à dire qu'il n'y a que ceux qui savent bien le latin qui savent bien leur langue, si celle-ci est une langue néolatine.

RENSEIGNEMENTS INATTENDUS

FOURNIS PAR LES LIVRES LATINS DU MOYEN AGE ET DE LA RENAISSANCE. — LATINISTES CONTEMPORAINS. ÉPIGRAPHIE

Les auteurs latins nous guident dans l'obscurité de la période médio-œvale. Ils nous obligent à constater que cette période ne fut pas éclairée seulement par la flamme des bûchers, mais fut souvent illuminée par les éclairs de la pensée.

C'est dans ces livres qu'on peut étudier la grande figure d'Averroès, juger sûrement le moyen âge, se rendre compte du mouvement de la renaissance et de la réforme, et se faire une idée exacte du rôle important qu'y joue Erasme.

La division classique de la littérature latine en quatre périodes, dont la dernière va d'Hadrien à Odoacre, ferait croire que cette littérature s'arrête vers le ve siècle. Il n'en est rien. La littérature latine se continue pendant le moyen âge, et, après avoir brillé d'un nouvel éclat à la renaissance, elle se prolonge jusqu'à nos jours.

Trop exclusivement absorbés par les dix-huit auteurs de l'âge d'or des lettres latines, on a laissé à l'état de champ inexploré les ouvrages des latinistes du moyen âge, des xv⁰, xvi⁰, xvii⁰ et xviii⁰ siècles. Beaucoup de ces ouvrages, n'ayant pas été traduits, sont restés pour nous lettre morte ; et pourtant une foule de questions qui nous intéressent y sont traitées : socialisme, liberté de penser, tolérance religieuse, scepticisme, panthéisme, déisme, matérialisme, positivisme, pédagogie, transformisme, médecine expérimentale, voyages, excursions transatlantiques, etc...

Nous trouvons le socialisme prêché dans les livres latins, dans les pères de l'église, et un chroniqueur du xiv⁰ siècle nous raconte une tentative qui a été faite pour l'implanter en Corse.

Le précepte *Alteri ne feceris quod tibi fieri non vis* est, pour le païen, le *nec plus ultra* du devoir de l'homme envers l'homme. La devise du christianisme *in omnibus caritas* va beaucoup plus outre.

L'application de ce précepte poussé aussi loin que le demande Saint-Jérome aboutirait à la reconstitution du communisme institué par les apôtres, à un socialisme chrétien plus complet que celui prêché par le comte de Mun.

« *In actis apostolorum, quando Domini nostri adhuc calebat cruor, et fervebat recens in credentibus fides, vendebant omnes possessiones suas, et pretia earum ad apostolorum deferebant pedes, ut ostenderent pecunias esse calcandas; dabaturque singulis, prout cuique opus erat* [1]. »

Depuis les Apôtres, le communisme a échoué quand on a voulu l'appliquer en dehors des communautés religieuses.

Une tentative dont on ne parle guère a été faite en Corse, en 1365, pour y établir le communisme. Une secte socialiste surgit dans l'île sous le nom de Giovanelli. « Ils admettaient dans leur société, dit le chroniqueur, les hommes et les femmes indistinctement. Leur loi exigeait que toutes choses fussent communes : femmes, enfants, propriétés quelconques, ils voulaient ramener l'âge d'or sur la terre. Ils se réunissaient la nuit dans les églises pour offrir des sacrifices, et après avoir caché les lumières, ils rééditaient les mystères d'Isis. » Le pape Urbain V dut envoyer des soldats en Corse pour disperser cette bande de socialistes qui peu à peu envahissait l'île.

Les jésuites n'ont pas mieux réussi à établir

---

[1] *Ad Demetriadem*, epistola XVIII.

le communisme dans l'Uruguay que n'avaient réussi les Giovanelli en Corse. La salente de Fénelon est et sera toujours un beau rêve. Ce ne sont certes pas les discours enflellés des pères de l'église socialiste qui en amèneront la réalisation.

Bien qu'entravés au moyen âge par la crainte du fagot, beaucoup d'écrivains montrent une grande indépendance d'opinion : au IIIe siècle, Cassien ose réfuter les assertions de saint Augustin sur la grâce et le libre arbitre. Un moine Breton, Pelage, va plus loin que Cassien. Il met en question la nécessité de la rédemption et prétend que l'homme peut se sauver par son libre arbitre et ses bonnes œuvres. C'était beaucoup alors d'oser contredire le savant évêque d'Hippone.

A partir du XIIe siècle, la libre pensée acquiert une hardiesse extrême, ainsi qu'on peut s'en convaincre en passant en revue les œuvres de quelques écrivains sceptiques ou lucianistes, comme on les appelait alors. Un Musulman, Averroès (Ibn Roschd) est un des premiers qui ose faire litière de la tradition. Il nie les miracles, les anges, le diable et déclare que les religions sont œuvres de l'imposture. Après avoir vainement tenté de concilier le rationalisme avec le Koran, il émet sur l'unité du principe actif dans l'univers des idées panthéistes. Renan nous a bien fait connaître ce médecin philosophe qui naquit à Cordoue en 1149. Mais si on veut envisager de plus près ce grand penseur qui domina son époque, on ne le peut qu'en consultant la traduction latine de ses œuvres philosophiques et médicales imprimées à Venise en 1484.

Ce n'est qu'en latin également qu'on peut lire les œuvres dont nous allons parler. Les auteurs que nous rencontrons avant d'arriver à Erasme n'ont généralement pas eu les honneurs de la traduction.

On démontre en physique que plus un gaz est comprimé plus il fait pression contre les parois de sa prison. Il en est pour la pensée comme pour les gaz, plus elle est comprimée plus elle tend à se faire jour. Pour critiquer sans se compromettre les croyances juive, catholique et musulmane, trois ou quatre lucianistes recourent au même stratagème. Ils raillent et ridiculisent le paganisme; mais, leurs épigrammes dirigés contre Jupiter et Mercure, contre Vénus et Cupidon, leurs moqueries à l'endroit des prêtres païens vont à une autre adresse. C'est à cette supercherie que recourt Bonaventure des Periers dans son *Cymbalum mundi* (1537). Un an après la publication de cet ouvrage parut, en 1538, un écrit anonyme : *de tribus impostoribus*. Du même coup cet écrit brise les tables de la loi, renverse la croix et range le croissant parmi les vieilles lunes. Un commentateur Italien considère cet écrit comme un chef-d'œuvre d'impiété *vero capolavoro d'empietà*. Le jésuite Richeomme le dit vomi par l'enfer. Un autre le considère comme une déjection satanique.

« *Nefandus ille libellus in germaniâ excusus horribili titulo inscriptus; ex ipsis infernis faucibus libellum hunc eructatum non argumentum solum, sed titulus ostendit* » (*de Origine hæresium*, lib. II, cap. 16).

« *Impietatis, maledicentiæ, imposturæque ultimæ quasi aggestus cumulus..., cacatus à satanâ liber.* »

Seuls les théologiens Juifs répondent à cet écrit autrement que par des injures et des malédictions. Ils croient devoir réfuter ce monstrueux argument développé en quarante pages. Jamais écrit si minuscule ne produisit si terrifiant effet. On en vendait les copies à prix d'or ; la reine Christine de Suède offre 30,000 fr. pour s'en procurer une. L'exemplaire que possède la Bibliothèque nationale de Paris appartenait au duc de la Valière. Un Bourguignon lettré et bon latiniste, de la Monnoye, s'est mis l'esprit à la torture pour découvrir l'auteur de cet opuscule. Il soupçonne successivement Etienne Dolet, brûlé à Paris (1545), Servet, le capucin Ochino, Vanini prêtre Napolitain, Machiavel, Boccace. Le moine Napolitain Campanello, que la hardiesse de ses opinions fit soupçonner d'être l'auteur de cette œuvre diabolique l'attribuait à son tour à Poggio, secrétaire du pape. En définitive, c'est sur l'auteur du *Cymbalum mundi* que pèsent les plus graves soupçons. Ce qui les justifie, c'est qu'on trouve dans le *Cymbalum mundi* des phrases analogues à celles qui figurent dans le *de Tribus impostoribus*.

Chose singulière ! on a attribué cet écrit à des écrivains dont les uns étaient morts avant, les autres sont nés depuis son apparition. C'est ainsi que Renan l'attribue à Averroès, mort en 1198 ; que Grégoire IX l'attribue à Frédéric II mort en 1250, et que d'autres l'attribuent à Pierre de la Rámée et même à Rabelais. Cela ferait croire que l'idée sceptique dont cette brochure est la plus audacieuse expression a hanté bien des cerveaux du XIIe au XVIe siècle, époque où les lucianistes ci-devant Pyrrhoniens se multiplient de tous côtés ainsi que le constate le jésuite Richeomme ; « *Miram ejusmodi hominum fuisse frequentiam qui lucianistæ dicti sunt eo quod omnes religiones derideant.* »

Après la prise de Constantinople les humanistes grecs, fuyant cette capitale du Bas-Empire, se réfugièrent en Italie et y apportèrent des trésors de littérature grecque dont on ne soupçonnait pas l'existence. L'arrivée en Italie de ces Grecs lettrés éveilla chez les humanistes latins le goût pour les lettres latines, elles commencèrent à renaître. Il y eut en leur faveur un enthousiasme qui tenait du délire : Déifions Virgile! s'écriait Scaligerus. *Aræ Virgilio!*

Cette époque produisit des écrivains remarquables, tels que Vossius, Vida de Cremone, Erasmus de Rotterdam, le chancelier Thomas Morus, Sannasarus, Petrarcus. Les Espagnols Scioppus et Vivus; Bembo, Budé, Cujas, Sadolet, évêque de Carpentras, etc., etc.

Scioppus, Vivus, Vossius, Erasmus se sont beaucoup occupés, entre autres choses, de questions d'instruction et d'éducation. Scioppus, ennemi des grammairiens qu'il considère comme gens à esprit étroit, n'en a pas moins écrit lui-même une grammaire latine. Mais il l'écrit pour démontrer combien cette grammaire peut être restreinte. Scioppus, veut qu'on apprenne le latin comme il l'a appris lui-même, par l'usage. D'après Vossius, on doit enseigner le latin et le grec à l'enfant dès le plus bas âge « *a teneris unguiculis* ». Vivès veut qu'on l'instruise en l'amusant, et dans ce but il a écrit de petits dialogues pour les tout jeunes enfants. Erasme, de son côté, en a écrit pour le jeune âge et pour un âge plus avancé. Il a de plus publié, en latin, un petit manuel de civilité chrétienne, puérile et honnête, auquel on ferait bien de revenir, car on se plaint de tous côtés que l'Université néglige absolument aujourd'hui le côté éducation. Nous n'en serions plus sans doute à la période des tâtonnements pour l'organisation de notre enseignement secondaire, si nous nous fussions inspirés des conseils de ces maîtres en pédagogie.

De cette pléiade d'écrivains qui apporta à la littérature latine comme un renouveau de son âge d'or, Erasme est assurément le plus remarquable, celui qui eut sur son époque la plus grande influence.

Avide de voir, il passe sa vie à voyager. Montjoie, gentilhomme anglais auquel il avait donné des leçons, fut son Mécène. Nommé précepteur du fils naturel de Jacques IV, roi d'Ecosse, il alla avec son élève visiter Rome. Léon X et les cardinaux lui font le plus brillant accueil.

Pour le fixer à Rome, on lui offre la charge

de pénitencier ; il la refuse, ne voulant pas s'enchaîner. Plus tard, il refusa la pourpre que lui offrait Paul III. Erasme fut l'ami de Henri VIII, de Thomas Morus, de Jean Colet, de Budé, de Vivès, de Sadolet. Charles Quint le fit conseiller royal. Ferdinand de Hongrie, Sigismond de Pologne, François Ier de France, tous les monarques de l'Europe se disputaient l'honneur de le posséder. Il était roi, lui aussi ; il tenait le sceptre de l'intelligence. Erasme peut être considéré comme le précurseur de Voltaire, comme l'anneau qui lie le XVIe siècle au XVIIe.

Erasme domine le XVe siècle, comme Averroes domine le XIIIe ; l'un comme l'autre pourrait donner son nom à son siècle.

« C'est Erasme, dit un de ses biographes, qui tira l'Allemagne de la barbarie ; c'est à lui surtout que le Nord de l'Europe dut la renaissance des lettres, les règles d'une saine critique et le goût de l'antiquité. On le regardait comme le plus bel esprit et le savant le plus universel de son temps. »

Erasme ridiculise les moines ignorants, se rit des pèlerinages, flagelle les gens d'église qui se livrent à des pratiques superstitieuses, à des abus de toutes sortes ; mais il n'en reste pas moins attaché à l'Eglise romaine. Il blâme Jules II, qu'il a vu guerroyant contre ses sujets les Bolonais ; il blâme les vices des papes, mais reste attaché à la papauté. S'il eut passé du côté des réformateurs, Erasme eut entraîné avec lui grand nombre d'hésitants. C'est ce qu'espérait Luther. Aussi, tant qu'il croit pouvoir gagner Erasme à la cause de la Réforme, il l'appelle *Decus seculi, spes nostra.* Il le malmène fort, au contraire, quand il reconnaît qu'il est inébranlable dans son attachement à la papauté.

Le plaisir que procure la lecture des œuvres d'Erasme suffirait seul à vous dédommager de la peine prise pour apprendre le latin.

Dans ses *colloquia*, Erasme s'en prend aux divers préjugés : plus d'un dialogue dirigé contre la moinerie et la superstition rappelle l'esprit satirique et la critique ingénieuse de Lucien.

L'*Encomium Moriæ*, que Léon X se délectait à lire et à relire, est un chef-d'œuvre de raillerie spirituelle et aimable dans lequel l'auteur nous montre le monde gouverné par des brouillons et des fous. Combien, parmi nos gouvernants, qui pourraient se reconnaître dans les ardelions raillés par Erasme.

En lisant les ouvrages des savants qui ont écrit en latin aux XVe, XVIe, XVIIe et XVIIIe siècles, nous sommes surpris d'y trouver émises des théories et des doctrines scientifiques que nous nous imaginons dater d'hier et que nous trouvons formulées dans des ouvrages latins qui, n'ayant pas été traduits, sont passés inaperçus. C'est ainsi qu'on découvre que Zimmermann, professeur de zoologie au collège de Brunswick, a exposé dans sa géographie zoologique les transformations que le temps, les lieux et les conditions climatériques diverses font subir à l'être vivant. Il exposait déjà, par conséquent, la doctrine du transformisme que nous ne supposions pas soupçonnée avant Diderot, Lamarck et Darwin. Il serait donc plus juste de désigner sous le nom de zimmermanisme la doctrine à laquelle Darwin a donné son nom.

C'est ainsi également que beaucoup considèrent la médecine expérimentale comme ne datant que d'hier, alors qu'un jeune médecin italien, Baglivi, de Raguse, en a jeté les fondements à la fin du XVIIᵉ siècle. Aux subtilités dont la science était obscurcie, il a substitué la méthode d'observation, ouvert la voie à la physiologie et à la médecine expérimentale, et pris pour devise :

*Artem experientia facit,
Ars in observationibus.*

Il est bien vraisemblable que si les ouvrages

latins de Zimmermann et de Baglivi eussent été plus connus, les idées qui ont germé dans le cerveau de ces savants eussent eu chance de prendre plus tôt dans la science la place qui vient de leur être définitivement assignée.

Ce sont encore les livres latins des XVIe, XVIIe et XVIIIe siècles qui nous apprennent que plusieurs navigateurs ont, avant Christophe-Colomb, foulé le sol américain. La *bibliotheca latina médii ævi* fournit aussi des renseignements à ce sujet [1].

Dans un écrit publié en Allemagne en 1742, intitulé *de navigationibus fortuitis in Americam*, Phil. Cassel cite des passages bien curieux d'Aristote, de Diodore de Sicile et de Strabon, qui prouveraient que les Carthaginois connaissaient l'Amérique. La description qu'Aristote et Diodore de Sicile font d'une île immense découverte par les Phéniciens et les Carthaginois se rapporte bien en effet à l'Amérique. Ils lui assignent bien sa situation géographique; parlent de son immensité, de ses vastes forêts, de sa fertilité, de ses fleuves navigables. Il est curieux de constater que ces deux auteurs s'accordent avec Strabon pour dire que les Carthaginois évitaient avec soin de divulguer l'existence de

[1] T. I, p. 1139.

cette île dans laquelle ils se proposaient d'émigrer en cas d'invasion de leur pays par l'ennemi.

Voici, traduit en latin, le passage d'Aristote cité par Cassel.

« *In mari quod est extra columnas Herculis, ajunt à Carthaginiensibus inventam fuisse insulam desertam, silvas habentem omnis generis arborum, et fluvios navigabiles, et cæteris fructibus mire fertilem, multorum dierum itinere a Gadibus remotam, in quam propter ubertatem cum sæpe commearent Carthaginenses, adeoque in illa nonnulli pedem figerent, Carthaginensium præsides sub pœna mortis cavisse, ne quis eo navigaret, et omnes loci incolas è medio sustulisse, ne rem propalarent, et multitudo ad illas se conferens insulæ principatum consequeretur, et Carthaginensium felicitatem interturbaret, etc.* »

Ce passage de Diodore confirme pleinement celui d'Aristote :

« *Phœnices vetustissimis temporibus extra columnas Herculis navigantes, ingentibus ventorum procellis ad longinquos Oceani tractus fuisse abreptos, ac multis diebus vi tempestatis jactatos, tandem ad ingentem insulam in Oceano Atlantico, complurium dierum navigatione à Lybia in occasum remotam venisse. Cujus solum frugiferum; amnes navigabiles, sumptuosa œdificia fuerint. Inde Carthaginenses et Tyrrhenos harum terrarum notitiam accepisse. Postea Carthaginenses cum sæpe à Tyrriis et Mauritanis bello premerentur, Gadibus præter-navigatis et Atlantico provectos Oceano tandem ad novas has regiones appulisse et coloniam duxisse;* eamque rem diu tacitam servasse, *ut si rursum sedibus ejicerentur, haberent locum, in quem se cum suis reciperent, etc.* Lib. V, Hist. cap. 19, sq.

Dans Aristote il s'agit d'une île déserte, dans Diodore d'une île habitée où se rencontrent des édifices somptueux. Ce désaccord dépend évidemment de ce que l'un et l'autre tiennent leurs renseignements de navigateurs ayant abordé dans des points différents du continent qu'ils croient être une île. Par ailleurs leurs renseignements concordent parfaitement. Strabon ne se borne pas à confirmer le dire d'Aristote et de Diodore en ce qui concerne les précautions prises par les Carthaginois pour ne pas révéler l'existence de cette île, mais à ce sujet il cite un fait très probant : un nautonnier Carthaginois qui longeait la côte se voyant suivi et épié par un nautonnier Romain prit le large afin de dépister celui-ci. Surpris par la tempête il fait naufrage. De retour à Carthage, il relate son cas aux Suffètes qui le félicitent et l'indemnisent aux frais du Trésor.

« *Addit memorabile exemplum naucleri Carthaginiensis qui, cum nauta Romanus ad emporia harum insularum exploranda, prioris vestigia exacte legebat, navem in vadum compellere et naufragium pati, quam Romanis loca illa detegere maluit. Naufragio hocce a Suffetibus probato, et amissarum mercium pretio ex ærario nauclero restituto.* »

Ainsi se trouverait expliquée cette similitude grande, inexplicable autrement, qui existe quant à la forme et à l'ornementation entre les vases que les fouilles ont mis au jour au Mexique et ailleurs en Amérique, et les vases Phéniciens, Egyptiens et Carthaginois.

Des excursions de date plus récente ont été faites en Amérique, avant Christophe Colomb.

A la fin du XIIe siècle, des Anglais auraient débarqué sur cette plage Américaine désignée aujourd'hui sous le nom de Floride et de Canada, y auraient laissé des colonies qui peu à peu auraient abandonné leur langue, leurs

---

[1] Lib. III.

mœurs et leur religion. Cette émigration se serait faite sous les auspices de Maddocius, frère du prince de Galles et fils de Guineth. C'est à la suite de dissentiments de famille qu'elle aurait été entreprise.

Angli, prætereunte seculo duodecimo (anno MCLXX) in suis annalibus referunt plurimos ex sua gente in diversum ab Europæ orbem navigasse et in regiones quæ hodie Florida et Canada denominantur, colonias deduxisse et lingua, moribus et religione sensim mutatis, reliquias eorum diu ibi superstites mansisse. Hæc migratio facta fuit auspiciis Madocci fratris principis Walliæ, et filii Guineth. Hanc susceperunt navigationem, dicit Herbertus, ob interna familiæ suæ dissidia. (Itineraria Herberti).

Adam de Breme attribue aux Frisons la découverte de l'Amérique septentrionale. Il attribue aux Danois la découverte d'une autre partie de l'Amérique du nord qu'ils appelèrent pays du vin à cause de la grande quantité de vignes qui y croissent naturellement.

Inter eos qui successu temporum Américam ante Colonum adierunt, notandi quidam Frisones nobiles qui ex relatione Adami Bremensis (de situ Daniæ cap. 247). Medio seculi XI, perscrutandi maris causa in Boream vela tetenderunt, et deinde post varia discrimina, rerum casu, ad quamdam insulam omnium rerum copia abundantem pervenere. Ex criteriis ab Adamo Bremensi allatis, hæc terra nulla alia est nisi septentrionalis America.

Eodem Seculo, teste eodem Adamo, Dani in occeano septentrionali ad quamdam insulam pervenere quam vocaverunt Winland, a vitium ibi sponte nascentium copia.

Putandum est hanc terram, partem Americæ septentrionalis esse quamdam.

L'historien Wagenselius affirme que Martinus Bohemus de Nuremberg s'étant rendu à la cour du Portugal et ayant obtenu l'appui de Jean II, découvrit l'Amérique 10 ans avant Christophe Colomb; qu'il découvrit les Açores, y laissa des colonies de Flamands d'où le nom d'îles de Flandre qu'elles conservèrent quelque temps. D'après ce même historien, il n'est pas douteux que Martinus Bohemus ne découvrit les Antilles.

Martinus Bohemus ad Americam pervenit ante Colombum. Ille nobilis germanus quem nascentem urbs Norimberga accepit, ad Aulam Johannis II, regis Portugalliæ, se contulit, et rege Portugalliæ eum adjuvante, decennio fere ante Colombum in America delatus est. Azores detexit ac Flandrorum colonias in iis reliquit, unde Illæ insulæ per aliquot spatium temporis Flandricæ vocatæ sunt. Teste historico Wagenseillio, non dubitandum est quin Martinus Bohemus detexit insulas quæ isthmo Panamensi obversæ jacent Hispaniola, Cuba, Jamaica, etc.

L'historien Espagnol Mariana dans son *de Rebus Hispaniæ* affirme que des navigateurs, qui longeaient la côte Africaine, poussés par la tempête, ont salué l'Amérique avant Christophe Colomb. C'est ce qui est arrivé à Alphonse Sanchez de Huelva. Après avoir, en explorant les rivages Africains, dépassé le cap vert, il fut poussé vers l'Océan atlantique par les vents qui, dans cette région, soufflent presque constamment dans la direction de l'Amérique méridionale. C'est ainsi que cet Espagnol atteignit ces para- ges et aborda fortuitement l'île qui fut plus tard appelée Saint-Domingue.

Quidam navigantes, Africæ littora legendo, vi tempestatum in Americam ante Colombum advenerunt.

Hoc expertus est Alphonsus Sanchez de Huelva qui, cum varias oras Africæ tentasset, post promontorium capo verde dictum transmisisset, contrariis ventis in Oceano Atlantico jactatus est. Post viride promontorium venti navigantibus littora Africæ quasi semper sunt contrarii, et quasi perpetuo versus Americam meridionalem spirant. Ita fit ut hic Hispanus in eam regionem, et præcipue in insulam postea Dominicam *dictam fortuito casu delatus est, et hinc, post aliquot mensium in Europam sospes rediit.*

Subissant l'action de ces mêmes vents, des juifs chassés d'Espagne au XVe siècle, et qui cherchaient sur la côte africaine une plage hospitalière, auraient abordé en Colombie et y auraient fait souche. Les Colombiens descendraient de ces juifs.

C'est dans un livre latin, de 1581, qu'une Américaine très érudite, Mme Soledad Semper, a puisé ce renseignement qu'elle a communiqué au congrès des Américanistes de Huelva, en 1893. Pour Mme Soledad Semper, cette affirmation se trouverait confirmée par la similitude grande qu'elle constate entre juifs et colombiens au point de vue anthropologique et psychique : même type, mêmes facies, mêmes habitudes, même ardeur au travail, même esprit d'ordre, d'économie, même âpreté au gain.

Un autre auteur, Fabricius, affirme également dans un écrit « *de judæorum vestigiis in America* » que les Juifs ont laissé en Amérique des traces de leur passage.

Le Dr Corlieu, bibliothécaire de l'Ecole de

médecine, a découvert dans un livre latin de Jean d'Aix des documents curieux relatifs à l'hygiène et à la thérapeutique des Croisés en Palestine, documents qui n'ont pas trouvé place dans l'*Histoire des Croisades*, de Michaud.

Le maure Al-Haçan, de Grenade, a exploré au XVI⁰ siècle l'Afrique septentrionale. Converti au christianisme par Léon X, il prend son nom et fut surnommé l'Africain. Il traduisit, d'arabe en latin, ses notes de voyage. Son livre fait autorité. Nul n'a fait du Magrheb une description plus exacte. J'ai pu vérifier qu'il n'y a rien à ajouter ou à retrancher au tableau qu'il fait de Fez. Les abords de la mosquée El Karoubin étant interdits aux chrétiens, ce n'est que par le livre latin de Léon l'Africain qu'on possède des renseignements sur ce tombeau de Muley Edriss, sur cette Mecque marocaine.

On voit par les quelques lignes qui précèdent que les livres latins du Moyen Age et de la Renaissance peuvent nous fournir sur nombre de questions des renseignements précieux et inattendus.

La littérature latine contemporaine nous est plus étrangère peut-être encore que la littérature latine des XV⁰, XVI⁰ et XVII⁰ siècles. Bien peu assurément ont lu ou lisent les latinistes contemporains, qui sont beaucoup plus nombreux qu'on l'imagine. Voici quelques noms : Balzac, Bucanan, Boucheron, Brunoy, Camerarius, Dawes, de La Cerda, de Montaigu, de Polignac, de Thou, Grotius, le Beau, J. Lipsius, Maltor, Mariana, Meyerus, Muret (Ant.), Paul Emile, Poppe, Putaneus, Vernière, Vallauri, etc., etc.

Il serait trop long d'entreprendre pour les ouvrages de ces auteurs un travail analogue à celui que je viens de faire pour quelques ouvrages parus à une époque antérieure. Qu'il suffise d'affirmer que les sujets traités par les latinistes contemporains sont plus intéressants, plus propres à instruire la jeunesse, à orner son esprit que ne le sont les fadaises qu'on étale chaque jour à la vitrine du libraire.

Dans les œuvres des latinistes contemporains, comme dans celles des latinistes de l'époque antérieure, il y a des trésors enfouis, dans lesquels nous ne pouvons puiser grâce à notre ignorance du latin.

A un autre point de vue qui n'a pas été mis en relief, au point de vue de l'épigraphie, le latin a encore son utilité.

Chez les latins, l'inscription lapidaire était aussi usitée que chez les Grecs. Pour donner une idée de l'importance des inscriptions lapidaires, qu'il suffise de dire que sur les parois du temple d'Auguste on en inscrivit une qui n'était rien moins que le testament de cet empereur. Sur une autre paroi, la même inscription était reproduite en grec.

Les inscriptions sont souvent bilingues. Le latin était bien la langue officielle, mais dans les provinces où le grec était en usage les Romains devaient faire traduire les actes publics ou ordonnances officielles en grec.

Beaucoup d'inscriptions grecques sont en vers. Les latins recouraient moins souvent que les Grecs à la poésie pour leurs inscriptions lapidaires, ils lui préféraient la concision de leur prose. Le latin, en vertu même de sa concision, est la langue qui se prête le mieux à l'épigraphie. C'est pourquoi dans beaucoup de pays il a été longtemps et est encore adopté comme langue épigraphique.

Santeuil composa en vers les inscriptions qui figurent sur les fontaines qui, de son temps, sous Louis XIV, furent érigées à Paris.

Bucheron, de Turin, et Gagliuffi, de Genève, doctes latinistes, sont l'un et l'autre auteurs de nombreuses inscriptions latines. Celles du premier sont en prose; celles du second en vers qui rappellent la facture virgilienne. Beaucoup, sans doute, ignorent que plusieurs inscriptions ont été composées par Louis XVIII, entre autres celle qu'on lit sur le socle de la statue de Malesherbes.

Sous le premier empire, le latin était encore la langue épigraphique, ainsi que l'atteste cette inscription qui figure sur la colonne Vendôme et rappelle les exploits de la Grande Armée :

*NEAPOLIO, imp. Avg.
monumentum belli germanici
anno MDCCCV
trimestri spatio ductu suo profligati
ex œre capto
gloriœ exercitus maximi dicavit.*

Partout où ils se sont établis, les Romains ont laissé des monuments, et sur ces monuments des inscriptions ; celles-ci, bien interprétées, ont parfois jeté une lumière inespérée sur des points obscurs de l'histoire. Actuellement, c'est en Algérie qu'on fait les plus précieuses découvertes de ce genre; Batna est une vraie Pompéi algérienne. Sur le littoral, à Cherchel, à Tipaza, les pierres avec inscriptions abondent. On en découvrira d'autres sans doute quand on aura occasion de faire des fouilles dans le Tell, le *Tellus* des Romains, c'est-à-dire la terre productive par excellence.

Me trouvant à Tipaza, j'ai été humilié en voyant que des touristes allemands comprenaient ces inscriptions que je ne pouvais déchiffrer. Ils relevaient, à l'aide d'une feuille de papier humide appliquée sur la pierre, celles de ces inscriptions qui leur paraissaient plus intéressantes.

Nos lycéens ne peuvent prétendre à la science épigraphique d'un Reinach, mais ils ont droit d'en savoir à ce sujet aussi long que les élèves des gymnases allemands et italiens; pour ce, il faudrait que notre grammaire latine se terminât comme se termine la grammaire de Shulz, adoptée en Allemagne et en Italie, par l'explication des abréviations les plus usitées dans les inscriptions romaines. Telles sont les abréviations suivantes, par exemple :

ABRÉVIATIONS ROMAINES

A. A. *Apud ayrum* (près du champ).

AB. AC. SEN. *Ab actis senatûs.*

A. H. D. M. *Amico hoc dedit monumentum.*

A. K. *Ante kalendas.*

A. T. V. *Aram testamento vovit.*

A. XX. H. EST. *Annorum viginti hic est.*

B. P. D. *Bono publico datum.*

BX. ANOS. VII. ME. VI. DI. VII. *Bixit pro vixit annos septem, menses sex, dies septem.*

CENS. PERP. P. P. *Censor perpetuus, pater patriæ.*

C. S. H. S. T. T. L. *Communi sumptu hœreditum, sit tibi terra levis.*

D. X. OCT. *Dedicatum kalendis octobris.*
F. I. D. P. S. *Fieri jussit de pecuniâ suâ.*
G. L. *Genio loci.*
G. M. *Genio malo.*
II. V. AVG. *Duumvir Augustalis.*
II. V. COL. *Duumvir coloniæ.*
III. VIR. AED. CER. *Triumvir ædelis cerealis.*
LIB. ANIM. VOT. *Libero animo votum.*
MIL. K. PR. *Milites cohortis prætoriæ.*
NON. TRAS. H. L. *Non transilias hunc locum.*
N. V. N. D. N. P. O. *Neque vendetur neque donabitur neque pignori obligabitur.*
V. C. P. V. *Vir clarissimus præfectus urbi.*
V. V. C. C. *Viri clarissimi.*
X. IIII. K. F. *Decimo quarto kalendas Februarii*

ABRÉVIATIONS CHRÉTIENNES

D. D. S. *Decessit de sæculo.*
H. R. I. P. *Hic requiescit in pace.*
IN. P. D. *In pace Domini.*
P. Z. *Pie zezes* (Jésus).
Q. FV. AP. N. *Qui fuit apud nos.*
S. T. T. C. *Sit tibi testis cœlum.*
V. X. *Vivas charissime.*

LE LATIN

Sert à la diffusion du Français

La question du latin peut être envisagée à un point de vue national qui a son importance et qui a échappé aux utilitaires.

Dans le but de répandre la langue tudesque en Europe et hors de l'Europe, de conserver au germanisme les Allemands fixés à l'étranger, deux associations se sont fondées, l'une à Vienne, en 1880, et l'autre à Berlin, en 1882. Voyant le danger qui nous menaçait de ce côté, des hommes d'initiative ont, en 1883, fondé l'Alliance française dans le but éminemment patriotique de répandre notre langue. Or, il ne faut pas oublier que l'étranger qui a appris le latin a, par cela même, la plus grande facilité pour apprendre le français. « Dans mon pays (la Colombie), me disait un diplomate, M. Matteus, nous faisons apprendre le latin à nos enfants afin de leur faciliter l'acquisition et l'intelligence du français. » Voilà une parole à retenir qui prouve que l'enseignement du latin à l'étranger est directement lié à notre influence de race. Les études latines étant pour l'étranger une introduction et une invitation aux études françaises, on est autorisé à dire : Il y a grande probabilité que tout étranger, qui aura fait ses études latines, étudiera ensuite notre langue et deviendra ainsi client de la France. En conseillant de mettre au rebut les études latines, les utilitaires ne se doutaient guère assurément qu'ils contrariaient ainsi indirectement la diffusion du français.

Ils ont cru bien faire en demandant la substitution de l'étude des langues vivantes à celle des langues anciennes. On ne saura pas plus d'anglais et d'allemand qu'on ne savait de latin. Mais, par contre, on saura moins bien le français en France, et il risque d'être moins appris à l'étranger.

En effet, si nous négligeons de plus en plus en France les études latines, qu'arrivera-t-il ? Les autres nations nous imiteront peu à peu, car, qu'on le veuille ou non, il faut reconnaître que la France impose encore souvent la mode en Europe. Il adviendra donc que l'étude du latin étant abandonnée en France, le sera dans d'autres pays. Les étrangers ne se trouvant plus préparés à l'étude du français par leurs études latines, seront moins disposés à l'apprendre, et notre langue sera exposée par là même à compter moins d'adeptes dans les classes élevées de la société étrangère.

S'il est vrai de dire que tout étranger client de la langue latine est un futur client de la langue française, il n'est pas moins vrai de dire que nos produits ont plus de chance de s'écouler dans les pays où l'on parle français.

En enseignant le latin d'une façon très incomplète et qui met l'élève dans l'impossibilité de parler et d'écrire cette langue, l'Université a contribué, sans s'en douter, à la diffusion du français. Aujourd'hui, en prêchant par son exemple aux universités étrangères l'abandon du latin, elle nuirait, sans s'en douter encore, à la diffusion de notre langue.

Je vais essayer de démontrer la vérité de ces deux assertions contradictoires en apparence.

C'est de la paix de Nimègue 1679 que date l'adoption du français pour la rédaction des notes officielles, des traités de paix et autres actes de la diplomatie européenne.

Mais tous les ambassadeurs ne se prêtèrent pas à l'adoption du français; « l'ambassadeur de Danemarck fut celuy qui se rendit le plus difficile sur les pleins pouvoirs. Il s'opiniastra à donner le sien en langue danoise s'il fallait qu'il reçut celui de France en français; ou, s'il donnait le sien en latin, il prétendait que les ambassadeurs de France lui donnassent le leur en ceste mesme langue. Finalement on suivit avec les Danois l'usage ancien « qui est que la France leur parle français, et qu'eux lui parlent latin ».

Le dernier acte du traité de Nimègue, qui fut signé le 5 février 1679, entre la France et l'empire, fut rédigé en latin. Le chef de l'ambassade de l'empire, l'évêque de Gurck, prit la défense du latin contre nos ambassadeurs, MM. de Colbert et d'Estrades.

Au congrès de Francfort en 1682, les envoyés de France ne voulurent plus parler latin, et aimèrent mieux rompre les négociations que de ne pas s'exprimer dans leur propre idiome.

Le traité de Ryswick fut d'abord rédigé en français et expédié ensuite en latin.

Ce fut en français que le prince Eugène et le maréchal de Villars conclurent en 1714 la paix de Rastadt. Mais on y ajouta un article particulier en faveur de la langue latine.

Le traité de Bade en 1714 et celui de la quadruple alliance signé à Londres en 1718, furent de nouveau écrits en latin.

Le traité d'Aix-la-Chapelle en 1748 fut rédigé en français, mais on y mentionna qu'on n'entendait porter aucun préjudice à la priorité acquise de la langue latine.

La plupart des traités, conventions entre l'Angleterre et la France, depuis la fin du IVe siècle jusqu'à Cromwell, sont en latin. Il en est de même des traités avec la Suède, la Pologne et tout le Nord.

Le Dr Newton, auteur d'une *Vie de Milton*, placée en tête du *Paradis perdu* (édition de 1778), rappelle que ce poète fut, pendant toute la durée de la République, secrétaire d'Etat pour la rédaction des pièces écrites en latin. Il n'eut pas été, ajoute-t-il, possible de trouver quelqu'un de plus versé que lui dans cette langue.

Sous Cromwel, il fut arrêté qu'on n'adresserait aucune lettre à des princes étrangers et qu'on n'en recevrait aucune réponse en une autre langue que la langue latine, *commune à tous*. — On ne fit qu'une exception en faveur du roi de France, et l'Angleterre consentit à traiter avec lui en français.

Evincé de la diplomatie par la France, le latin y fait sa réapparition en 1888. Léon XIII fut choisi comme arbitre entre l'Allemagne et l'Espagne pour régler la question des Carolines.

Le latin étant resté la langue diplomatique du Vatican, c'est en cette langue que le pape prononça son jugement.

C'est encore en cette langue que les Monsignori, Gasparri, Scapinelli et Morosini, ablégats apostoliques, s'adressent au Président de la République française en lui présentant les cardinaux Foulon, Guibert et Richard promus à la pourpre cardinalesque le 11 juin 1889. L'Eglise catholique est le palladium de la latinité et lui garantit l'universalité dont elle jouit et la pérennité sur laquelle elle compte.

Revenons aux traités de Nimègue et de Francfort. Pourquoi nos diplomates refusèrent-ils de s'exprimer en tout autre idiome qu'en français ?

Il y avait, sans doute, calcul de leur part. Ils se proposaient en faisant adopter le français comme langue diplomatique de travailler à sa diffusion. Ils obéissaient à une pensée patriotique.

Il se peut aussi que leur ignorance de la langue latine, déjà fort peu pratiquement enseignée par l'université, ne fût pas étrangère à l'insistance qu'ils mirent à ne vouloir instrumenter qu'en français.

Ce fut pour les mêmes raisons, sans doute, qu'au XVIIIe siècle nos savants publièrent leurs travaux en français, alors que dans tous les autres pays les érudits continuaient de recourir à la langue latine pour la vulgarisation de leurs œuvres. A part Tournefort et de Candolle qui ont écrit en latin, tous nos autres savants, de Geoffroy, Buffon, Cuvier, de Jussieu, Lavoisier, Fourcroy, Lagrange, Laplace, etc., ont écrit en français. Et grâce à ces illustres savants, le français, accepté déjà comme langue diplomatique, était aussi accepté comme langue scientifique. Voilà comment j'explique que, sans s'en douter, l'université, grâce à son enseignement très incomplet du latin, en rendit l'usage difficile, et contribua ainsi à la propagation du français.

Celui-ci, généralement adopté, fut considéré comme langue quasi universelle; il était à cette époque la langue la plus répandue et sa diffusion allait bientôt servir à vulgariser les principes de la révolution de 1789.

Mais, depuis, une réaction s'est produite. Les savants des autres nations ont abandonné le latin qui préparait leurs lecteurs au français. Chacun d'eux a écrit dans sa propre langue. Depuis lors le latin négligé n'est plus compris et nous voyons l'ouvrage d'un latiniste moderne traduit en anglais pour qu'il puisse acquérir de la notoriété : « M. Wilkinson a remis au jour les œuvres enterrées de Swedenborg et il les a translatées avec avantage de leur latin oublié en anglais, pour qu'elles fassent le tour du monde dans *notre langue commerciale et conquérante* » ¹.

Le français est resté la langue diplomatique en dépit d'une tentative faite par M. de Bismarck pour lui enlever ce privilège.

Tout récemment, il a été choisi pour langue téléphonique en Allemagne. On a installé un téléphone entre Budapest et Prague; il fallait adopter une langue pour les employés; on avait le choix entre l'allemand, le tchèque, le hongrois, le polonais. Après avoir longtemps hésité et discuté, on a fini par adopter le français.

En Russie, en Hollande, en Suède et ailleurs, le français est encore la langue des salons, des gens bien élevés. On va même jusqu'à dire qu'à Saint-Pétersbourg il y a des gens du monde qui savent mieux le français que leur propre langue. Malheureusement, cette primauté du français tend à disparaître. On continue bien à l'apprendre, mais moins pour se pénétrer du génie français que dans un but utilitaire et commercial, et, sous ce rapport, nous sommes

---

¹ *Les Représentants de l'Humanité*, par W. Emerson, trad. par P. de Boulogne. Paris, Lacroix, 1863, p. 126.

distancés. L'anglais est devenu la langue internationale du commerce ; il est parlé par 1/7 ou 1/8 de la population terrestre. L'immensité de l'empire colonial britannique, l'énorme circulation des marines anglaises et américaines assurent à l'anglais une diffusion énorme dans les stations maritimes les plus éloignées. Dans les escales de l'Extrême-Orient, c'est la langue indispensable au voyageur.

A l'Exposition universelle, j'ai constaté que les exposants, venus des contrées les plus éloignées, Inde, Chine, Japon, recouraient plus volontiers à l'anglais qu'au français.

N'eût été l'annexion du Congo à la Belgique qui empêche la réunion rêvée par Cecil Rhodes des deux tronçons coupés de l'Afrique Anglaise, l'idiome Anglais envahissait du Zambèze au Nil le continent Africain. Désormais grâce aux Belges un immense espace de cinq millions carrés reste ouvert, au Congo, à la langue française. *ou flamande...!*

En Egypte, le lycée dirigé par des congréganistes est cause en partie que notre langue est toujours en honneur. La substitution de l'anglais au français, en Egypte, devait être la conséquence fatale de la politique de MM. Freycinet et Clémenceau. — Dans la Louisiane, le français perd du terrain de plus en plus.

7.

Deux colonies qui furent nôtres et que Louis XV a données aux Anglais, Maurice, ci-devant l'Ile de France, et le Canada restent fidèles à notre idiome. Les Canadiens français du Connecticut montrent pour leur langue un vif attachement. Ils tiennent des congrès ou conventions dans le but d'aviser aux moyens de propager la langue et l'influence française. Tel a été le but de la convention de Taftville, qui vient d'avoir lieu; tel sera le but de celle de Rhode Island qui sera le dixième congrès de ce genre. Que ces frères d'Outre-Mer sachent bien que pour répandre le français, un des meilleurs moyens c'est d'encourager l'étude du latin.

L'Allemagne, de son côté, fait tous ses efforts pour imprimer au monde son empreinte germanique. Elle voudrait faire de l'allemand la langue internationale des savants. Elle a fait et fait des tentatives laborieuses pour répandre de plus en plus sa langue dans le pays des Tchèques et celui des Magyares. Les Tchèques, pour résister à cette invasion pacifique de l'allemand, ont demandé et obtenu :

1º Que tout fonctionnaire de l'administration publique devrait connaître et parler le tchèque et l'allemand ;

2º Qu'à l'université de Prague les cours seraient faits en langue tchèque.

Les Hongrois ont adopté une mesure analogue pour résister à l'envahissement de la langue allemande. Ils ont exigé que les examens universitaires seraient passés en langue madgyare.

D'autre part, l'Allemagne travaille à détourner le flot de l'émigration qui va se perdre en Amérique. Elle cherche à coloniser en Afrique, en Océanie, en Nouvelle-Guinée et ailleurs. Jusqu'ici, c'est plutôt par son commerce que par la diffusion de sa langue que l'Allemagne étend son influence. Notre protectionnisme à outrance fait le jeu des négociants allemands qui, en Italie, en Suisse, en Espagne, supplantent les négociants français. Le baron de Corbera, qui habite Barcelone et est marié à une Française, me disait qu'il constatait avec peine qu'à Barcelone, sur trente commis voyageurs, vingt-cinq sont Allemands et cinq Français; autrefois, c'était l'inverse. A Haïti, les navires allemands qui arrivent au Cap ou à Port-au-Prince, sont trois fois plus nombreux que les navires français, me disait un Haïtien, inspecteur des douanes au Cap.

En restreignant nos relations commerciales, M. Méline aura nui à l'expansion de notre langue.

En prêchant l'abandon du latin, M. Frary aura nui de son côté à la diffusion du français

De même, en effet, que pour l'Indigène africain, le sabir est une initiation enfantine au français, une façon de le bégayer; de même le latin est, pour l'étranger, une initiation au français, mais une initiation savante et pratique. — Donc, travailler à remettre en honneur en France l'étude de la latinité, c'est travailler à la remettre en honneur à l'étranger toujours porté à nous imiter; et c'est par là même travailler indirectement à répandre le français, nos idées, notre influence et notre commerce.

Pour permettre aux étrangers d'apprendre plus facilement le français, pour en favoriser la diffusion, d'aucuns proposent le *phonétisme*. Ils s'imaginent qu'en n'employant que les lettres indispensables pour donner le son représentant le mot, on facilitera pour les étrangers l'étude du français. C'est s'abuser étrangement. Le grec et le latin qui aident l'étranger à apprendre la plupart des mots français ne leur seraient plus d'aucun secours. Le phonétisme enlèverait à l'étranger la boussole qui le guide dans l'étude de notre idiome.

Nous avons parlé plus haut du *ph*, du *ch*, de l'*y*, dont la présence dans un mot révèle son origine grecque. Ce n'est pas tout. Il y a aussi dans les mots français des lettres qui servent à établir leur filiation latine, par exemple, le *q* dans vingt, dans doigt ; le *p* dans corps et dans temps, le *c* dans acquérir, le *d* dans nœud. Faites le sacrifice de ces lettres dites ironiquement de noblesse, et cette nouvelle nuit du 4 août engendrera obscurité et confusion pour l'étranger. Il reconnaissait dans doigt *digitus*, dans vingt *vigenti*, dans corps *corpus*, dans nœud *nodus*, dans prompt *promptus*, dans concept *conceptum*.

Comment reconnaîtra-t-il ces mots privés des lettres étymologiques qui révélaient leur filiation et les fixaient dans sa mémoire ? Comment reconnaîtra-t-il ces mots transformés en doit, vint, cors, neu, pront, concet ?

Comment s'y reconnaîtrait-on si on donnait le même signe graphique à tous ces mots qui ont le même son : ceint *cinctus*, sain *sanus*, saint *sanctus*, cinq *quinque*, sein *sinus* et seing ? Il en est ainsi pour une foule d'autres mots : dent, dans, paon, pan, etc. Enlever aux mots leur marque étymologique, ce serait établir en France l'égalité de l'ânerie au moment où l'on s'efforce d'y établir l'égalité de l'instruction. En orthographe, comme en tout, mieux vaut que l'égalité se fasse par en haut. Mieux vaut que la cuisinière adopte l'orthographe de l'Académie que de voir sa maîtresse adopter celle des Halles.

On n'a pas attendu que des professeurs de littérature se déclarassent les adeptes du phonétisme pour s'en servir. Les lettres que nos troupiers envoyaient au village avant que l'instruction fût obligatoire sont des échantillons de littérature phonétique :

> Rose, lintencion de la prezante
> ed tinformer edma santé
> larmée francaise ô trionfante
> moi jèl bra goche enporté

Ces lettres phonétistes du caporal à sa payse seront toujours moins intelligibles pour l'étranger que celles de Mme de Sévigné. Pourtant, c'est en faveur de l'étranger qu'on prêche l'adoption du phonétisme, sous prétexte de lui simplifier l'orthographe des mots!

Il n'y a pas un idiome européen dont les mots soient d'une orthographe plus compliquée que ceux qui composent la langue anglaise. Le plus souvent le mot anglais sonne tout autrement que ne le ferait supposer le groupement de ses lettres. *Enough*, par exemple, sonne *ineuf*; *cough* sonne *coff*, *spear* sonne *spir*, *know* sonne *nô*, etc. Il n'empêche que, malgré cela, l'anglais ne soit l'idiome européen le plus répandu sur la surface du globe. En présence de ce fait, les phonétistes ne sauraient prétendre que la difficulté orthographique des mots français s'oppose à la diffusion de notre langue. Mais ce qui peut s'y opposer dans certaines limites, c'est l'inextricabilité de notre orthographe grammaticale.

Il y a des chinoiseries telles dans notre grammaire qu'elles ne peuvent que décourager l'étranger qui veut en aborder l'étude. Les mieux avisés sont ceux qui vont de l'avant, sans trop se soucier des entorses qu'ils peuvent donner à la syntaxe et qui comptent sur l'indulgence de l'interlocuteur et sur la pratique pour rectifier leur langage.

Dans l'intérêt de tous, simplifions le plus possible notre orthographe grammaticale. Qu'on purge au plus tôt la grammaire de ses anomalies, de ses contradictions et de ses bizarreries. Qu'on puisse écrire sans passer pour un âne nuds pieds, nue tête, demie heure, au lieu d'écrire nu-pieds, nu-tête, demi-heure, comme l'exigent MM. les grammairiens qui ont inventé une foule d'autres difficutés aussi ridicules que celles-là. Cette réforme sera bien accueillie par tous.

———

LE VOLAPÜK

L'Universalité du Français en 1793

Les marins de tous les pays se sont mis d'accord sur le moyen de communiquer entre eux par des signaux.

La langue télégraphique de Morse a été adoptée dans tous les pays qui tous ont également adopté la même écriture musicale, les mêmes signes conventionnels de la chimie, la même nomenclature chimique, les mêmes signes ou chiffres pour désigner les nombres.

Pourquoi, s'est-on dit, les divers pays ne se mettraient-ils pas d'accord sur le choix d'une langue internationale ?

Il y a longtemps que pour réparer le mal causé par l'ambition des hommes, suivant la Genèse; des Titans suivant le mythe Grec, bon nombre de philosophes ont rêvé d'une langue internationale.

Dès 1664, un évêque anglais, Wilkins, trace le plan d'une langue commune à tous; en 1716, le philosophe Leibnitz fait la même tentative, puis c'est un Hongrois, Kalmar (1772), puis un Français, Sicard (1796), puis un Russe, Wolke (1797), puis un Espagnol, don Sinibaldo de Mas (1863), qui poursuivent ce même projet.

Enfin, Schleyer vint et dit : « Il y a beaucoup trop de langues dans le monde. Pour parer à cet inconvénient, je vais en créer une de plus. Celle-ci, ayant l'avantage de n'être parlée par personne, aura celui d'être parlée par tout le monde. » Et Schleyer se met à l'œuvre. Il puise dans les langues du Nord, qui ne sont pas les plus harmonieuses, un certain nombre de radicaux. Il les modifie quant à leur signification par des préfixes et des suffixes. Ces radicaux ainsi modifiés suffisent à toutes les exigences du langage, et le Volapük (*vola*, univers, *spuck*, langage) est inventé. Les hommes allaient donc pouvoir s'entendre! On allait en finir avec les malentendus de la tour de Babel?

Le Volapük répondant à une aspiration universelle provoque un engouement général. On salue en lui la langue Messie. Il trouve des adeptes dans tous les pays du globe et un véritable apostolat s'organise en sa faveur. Des cours publics de volapük sont ouverts dans les principales villes de l'Europe et de l'Amérique. Des grammaires, des dictionnaires Volapük sont publiés dans tous les pays et distribués gratuitement. Les sociétés anglicanes et les salutistes n'ont jamais distribué leurs petits livres avec autant de profusion. Plus de 150 sociétés se forment sur tous les points du globe pour la propagation du Volapük. De nombreux journaux sont publiés dans le nouvel idiome. Celui-ci trouve dans la presse de chauds partisans qui ne permettent pas qu'on le « blague. »

Ce qui devait surtout assurer le succès du Volapük, c'est qu'il avait pour lui la sanction universitaire et officielle. Un cours de Volapük est ouvert à l'université de Münich, un autre à l'université de la Nouvelle-Orléans. Il est enseigné dans plusieurs établissements publics. Le ministre du commerce de Belgique se fait représenter à l'ouverture du cours de Volapük à l'école commerciale d'Anvers.

M. Kerckoffs, le lieutenant de Schleyer, est chargé par le gouvernement d'ouvrir un cours de Volapük à l'école des hautes études commerciales à Paris. Les ministres de l'instruction et du commerce favorisent l'enseignement du nouvel idiome. Celui-ci a donc eu pour lui tous les éléments de succès. Si bien qu'on le considérait comme lancé et qu'on rêvait déjà d'une académie de Volapükistes. Pour couronner l'œuvre, un congrès mondial s'ouvre à Munich. O déception amère! Il réunit moins de monde que n'en réunit à Beyrouth l'audition d'une œuvre Wagnerienne! Grande désespérance pour les partisans du neoglosse. Depuis, il n'est plus guère question du Volapük qu'on avait d'ailleurs beaucoup moins parlé qu'on n'en avait parlé. Le nouvel idiome eut eu peut-être plus de chance de succès, s'il eut été plus harmonieux. « *At obinum makabikum ka tum de Eiffel* pour traduire *plus fort que la tour Eiffel* n'est assurément pas bien caressant pour l'oreille. Tant qu'à créer une langue sur les données de Schleyer, mieux eût valu en charger un Italien, un Espagnol ou un Provençal; les radicaux puisés dans les langues romanes eussent fourni au neoglosse des mots plus riches en voyelles et moins hérissés de consonnes.

Mais en vérité pourquoi fabriquer ainsi un nouvel idiome quand il y a des langues toutes faites qui s'offrent à nous avec leur littérature ; quand nous n'avons que l'embarras du choix entre le provençal, le français, le grec et le latin.

L'universalité du français paraissait si bien acceptée au XVIIIe siècle qu'en 1783 l'académie de Berlin mettait au concours les questions suivantes :

Qu'est-ce qui a rendu la langue française universelle ?

Par où mérite-t-elle cette prérogative ?

Est-il à présumer qu'elle la conserve ?

Ce fut le mémoire d'un Français, de Rivarol, qui fut couronné. Les académiciens de Berlin reconnurent le mémoire de leur compatriote Schwab supérieur à celui de Rivarol. Ils firent de la partialité par courtoisie pour un Français et pour la France. Que les temps sont changés ! Schwab avait pris cette épigraphe ingénieuse d'une application si flatteuse :

Gallis ingenium, Gallis dedit ore rotundo
Musa loqui.

Ces mémoires accumulent sans doute toutes les raisons historiques et philosophiques qui désignent le Français comme langue internationale. Ils vantent le charme de cette langue,

« Idiome de l'amour, si doux qu'à le parler
Les femmes sur la lèvre en gardent un sourire. »

Le Français est par excellence la langue du rire, de la fine plaisanterie, de la comédie, du marivaudage, de la chanson et de la gaudriole qu'il sait si bien gazer ; car, sans affecter une pruderie ridicule, il est chaste dans ses locutions. Si le prussien Schwab a oublié dans son panégyrique de la langue Française, de la signaler comme langue de la gaîté, cet oubli a été réparé par un autre prussien, par le vieil empereur d'Allemagne, Frédéric Guillaume. Il aurait dit, après une représentation de *Divorçons* qui l'avait fort amusé : « Il faut le reconnaître, quand on veut rire c'est toujours en France qu'il faut aller. »

La belle parlure du gai sçavoir dont parle Clémence Isaure commençait à peine à se débarrasser des langes de la latinité, que le joyeux curé de Meudon la baptisait langue de la joyeuseté. Le rôle bienfaisant que l'idiome naissant devait jouer dans l'humanité lui fut assigné par Rabelais le jour où il dit : « Mieulx vault de rires qve de larmes escrire. »

C'est surtout parce qu'elle est la langue de la gaîté, que les peuples flegmatiques, que les tristes et moroses compatriotes de Shopenhauer, que l'oriental compassé devraient adopter le Français.

Mais comment espérer que le Français soit adopté comme langue universelle, quand nous voyons les différents pays refuser de s'entendre pour l'adoption du même système métrique, monétaire; du même méridien, du même calendrier. Le calendrier de Grégoire XIII, adopté par les Etats catholiques, fut repoussé par les protestants, parce qu'il émanait d'un pape. Ce n'est que plus d'un siècle après qu'ils l'ont adopté malgré sa tache originelle. Et aujourd'hui encore, la Russie et les autres pays de religion grecque refusent de s'y soumettre.

Si l'universalité du français reconnue implicitement par l'académie de Berlin en 1783, ne s'est pas effectuée, alors que l'idiome germanique n'avait pas atteint la fixité qu'il a acquise depuis; alors que nul n'eut osé le proposer comme langue diplomatique, alors qu'il n'existait aucune société pour travailler à sa diffusion; alors que l'Anglais était loin d'être aussi répandu qu'il l'est aujourd'hui, comment espérer que mettant aujourd'hui de côté les susceptibilités nationales, on se prêtera à ce que le Français acquière l'universalité?

QUELLE SERA LA LANGUE DES CONGRÈS ?

Le Français, le Grec ou le Latin ?

Vouloir faire adopter une langue comme universelle, est un rêve ; l'échec piteux subi par le volapük le prouve. Mais adopter une langue internationale des congrès serait chose utile et réalisable.

Les congrès deviennent de plus en plus à la mode. Il faut s'en réjouir, car ils sont utiles à plus d'un point de vue ; il donnent du retentissement à des idées, à des théories nouvelles, à des découvertes qui n'eussent pu facilement se faire jour. C'est au congrès de Genève que Pasteur a exposé sa théorie microbienne ; c'est au congrès de Berlin que Koch a fait connaître ses recherches sur le vaccin de la tuberculose ; c'est au congrès de Budapest que le docteur Roux a révélé la sérothérapie.

Les congrès ont un autre avantage : en mettant en rapport des hommes de nationalités différentes, en provoquant entre eux des échanges d'idées, ils opèrent des rapprochements et font naître des sympathies entre gens prévenus les uns contre les autres et que séparaient de sots préjugés.

Les congrès ne peuvent donc que faciliter la noble tâche que se proposent les membres de la ligue pour la paix, les Frédéric Passy, Thiaudière, Trarieux, Pandolfi, Gartner, Galetto, Musset, Eschenauer, Pailhes, Theise, Delabarre, Vignaroli, Turr, etc.

L'adoption d'une langue scientifique unique, qui servirait de truchement entre les savants du monde entier, rendrait les congrès plus utiles encore et plus attrayants. On n'est pas très encouragé à se rendre à ces assises scientifiques sachant d'avance qu'on y entendra des communications dont on ne comprendra pas un mot ; qu'on est exposé à y entendre parler russe, allemand, hongrois, tchèque, slovène, croate, bulgare, roumain, serbe, flamand, danois ; chacun pouvant revendiquer le droit de s'exprimer dans sa propre langue, comme l'a fait M. l'avocat Lebon au congrès de législation douanière qui s'est tenu à Anvers. Il tint à s'exprimer en langue flamande. Un grand nombre de délégués allemands, italiens, français et même néerlandais s'opposèrent à ce qu'il continuât son discours. L'avocat anversois protesta et persista à parler flamand. Le président lui retira la parole, déclarant qu'il était inadmissible d'employer une autre langue que le français dans un congrès où tous, italiens, allemands, néerlandais se sont servis de cette langue. En réalité, M. Lebon n'était pas moins autorisé à parler flamand à Anvers que ne l'était un médecin hongrois à parler madgyare au congrès d'hygiène de Budapest. — Une entente est nécessaire pour empêcher le flot du polyglottisme d'envahir les congrès et empêcher que chacune de ces assemblées ne dégénère en tour de Babel ; que, si on ne peut s'entendre pour l'adoption d'une langue universelle, on puisse du moins en adopter une qui soit la langue officielle des congrès.

Laquelle choisir : le français, le grec ou le latin ?

LE FRANÇAIS

Rivarol et Shwab reconnaissent que ce qui caractérise la langue française, c'est sa clarté, sa netteté, sa précision, sa concision. Elle ne peut supporter ni l'obscurité, ni la confusion.

Elle n'est ni obséquieuse, ni remplie de mignardises comme l'italien, ni emphatique comme l'espagnol, ni lourde et cérémonieuse comme l'allemand.

Elle a le naturel qui plaît et une élégante simplicité. Elle est sans affectation, sans floritures excessives, sans ces diminutifs dont abusent l'espagnol et l'italien. La plupart des mots sont simples et appropriés à l'idée ou à la chose qu'il s'agit de rendre. Chacun de ses mots apporte à l'esprit un sens net et précis.

Lisez une fable de La Fontaine; comme les idées y sont condensées en peu de mots et exposées simplement! Lisez Montesquieu; vous trouverez dans *Grandeur et Décadence des Romains* l'histoire romaine condensée en quelques pages.

C'est précisément parce qu'ils doivent être en garde contre la ruse, l'équivoque, l'amphibologie que les diplomates ont préféré instrumenter en français.

Les raisons qui ont fait adopter le français comme langue diplomatique le désignent comme la langue de la critique et du raisonnement scientifique. Le français a pour ce une aptitude spéciale, qui tient peut-être à ce qu'il a été en quelque sorte façonné au syllogisme par l'ancienne scholastique.

Le français est aussi la langue du doute qui est le commencement de la sagesse. Il fut la langue du sceptique Montaigne, de Pascal, de Voltaire, de Diderot. Il fut la langue de Descartes, qui faisait du scepticisme le point de départ de sa philosophie et cherchait à arriver à l'x en partant de zéro.

Renan, ce virtuose de la plume, ce sceptique aimable, pour qui rien au fond n'est bien sérieux, a démontré par ses divers écrits combien le français se prête merveilleusement à cette critique spéciale qu'on appelle l'exégèse.

Le savant trouve donc dans le français un merveilleux outil d'analyse et de critique pour l'examen de théories multiples, de prétendues découvertes qui se font jour parfois trop hâtivement dans les congrès scientifiques.

Le monde savant se trouve préparé en quelque sorte à l'adoption du français comme langue scientifique, et ce résultat est dû aux travaux de nos savants du XVIIIe siècle. L'étranger apprenait le français pour pouvoir suivre Cuvier dans ses recherches paléontologiques, Lavoisier dans ses études sur la chimie, etc. A la fin du XIXe siècle, c'est encore à la science que le français est redevable des nouveaux progrès qu'il fait dans le monde savant exotique. C'est aux travaux de Berthelot, aux découvertes de Pasteur et de Roux qu'il doit cette nouvelle expansion. Le microbe se met de la partie en quelque sorte et va contribuer à répandre la langue qui a révélé son existence. Par susceptibilité nationale, quelques savants étrangers n'osent avouer la supériorité du français comme langue scientifique; le plus grand nombre la reconnaît avec impartialité.

Un journal médical allemand, *le Deutsche Medicinische Wochenschrift;* un journal de médecine anglais, *The British medical Journal;* un journal médical russe, *le Wratch,* se prononcent nettement pour le français comme langue des congrès.

―――

LE GREC

La Grèce, dont l'histoire a été comme un rêve radieux pour l'humanité, a été le berceau des lettres, des sciences, des arts. Constantinople parlait le grec alors qu'elle était, suivant l'expression du pape Pie II, « le sanctuaire de l'antique sagesse, l'asile des lettres, le sanctuaire de la philosophie. » C'est dans la langue de l'attique que la sagesse a été révélée au monde occidental.

La langue dans laquelle Aristote a écrit ses *ta physica* et ses *ta metaphysica;* dans laquelle

Euclyde a énoncé les théorèmes de géométrie, est une langue scientifique au premier chef. Elle en a toutes les qualités : la clarté, la netteté, la précision. Sa richesse, sa souplesse lui permettent de se prêter à toutes les combinaisons. Aussi a-t-elle été adoptée dans tous les pays comme langue de la médecine, de la botanique, de l'histoire naturelle, de l'anatomie, de la physiologie, de la thérapeutique, de la taxonomie nosologique.

Si on réunit les neologismes et tous les mots scientifiques d'origine hellénique mètre, therme, électricité, clinique, phtysie, laryngoscope, etc., qui sont en usage dans beaucoup de pays, on se trouve déjà en possession d'un embryon de langue scientifique internationale. On ne se doute pas du grand nombre de mots que les langues neolatines ont empruntés au grec. Elles lui doivent tous les mots composés commençant par *dia, peri, micro, macro, neo, syn, eu, caco, kale, para, etc.*

Le latin a fait à l'hellénisme de très nombreux emprunts dont ont hérité les langues Romanes.

De même qu'aujourd'hui il est de bon ton dans la haute société de Saint-Pétersbourg de parler français ; de même au temps de Cicéron, il était de bon ton dans la haute société Romaine de parler grec. Sous Marc-Aurèle, le grec était la langue de la cour. L'empereur écrivait en grec, et plusieurs auteurs, Lucien, Gallen, Diodore de Sicile, Denis d'Halicarnasse, Strabon ont également écrit en grec.

L'enfant du patricien Romain était confié à des nourrices grecques. La voix de l'Attique frappait son oreille avant la voix du latium. Les jeunes patriciens qui voulaient parfaire leur éducation se rendaient en Grèce. Rien d'étonnant après cela que le grec se soit si profondément infiltré dans la latinité.

Au temps de Cicéron, le grec avait une diffusion bien plus grande que le latin. L'avocat Romain reconnaît qu'il était alors la langue universelle lorsqu'il dit :

« *Greca leguntur in* OMNIBUS GENTIBUS; *latina suis exiguis finibus sane continentur*. »

En effet, le grec était alors usité en Asie, en Egypte, dans le midi de l'Italie, dans le midi de la Gaule et dans tout l'archipel.

Saint Irénée, deuxième évêque de Lyon, écrivait en grec des instructions pour les femmes de son diocèse. Le grec fut la langue des premiers pères de l'église ; ce fut la langue des conciles d'Ephèse et de Nicée ; il est resté depuis la langue de l'église orthodoxe, la langue des popes Russes, Roumains, Bulgares, Serbes, Hellènes, Arméniens.

Comme le latin, le grec a pour les croyants une garantie d'existence dans la pérennité assurée à l'église chrétienne.

Cette belle langue se conserva jusqu'à la chute du bas empire. Les grecs échappés au désastre de Constantinople l'apportèrent aux descendants des Romains qui déjà, malgré les efforts de Scaliger en faveur de la langue Virgilienne, ne parlaient plus guère que l'Italien.

Sont-ce ces échappés de Constantinople qui ont fondé ces petites colonies grecques de la Pouille, ou sont-elles un ilot de cette ancienne grande Grèce qui n'aurait pas été submergé par le flot neo-latin ?

Le grec est presque abandonné dans nos lycées. Quelques-uns ont proposé de le sacrifier complètement et de se borner à étudier le latin, oubliant qu'on ne peut bien apprendre celui-ci si on n'a une teinture de celui-là. C'est l'opinion de Vallauri : « *qua quidem posita linguarum cognatione, hoc præsertim intelligi volo, frustra niti latinarum litterarum studiosos ut aliquam doctrinæ præstantiam consequantur, si græcas ne leviter quidem attigerint.* »

D'autres, au contraire, seraient d'avis que, si on devait sacrifier une langue ancienne, mieux vaudrait sacrifier le latin que le grec, et que si une langue devait être choisie comme langue des congrès, le grec serait mieux indiqué que tout autre. Le grec possédant l'article, cela lui constitue une supériorité sur la langue du latium.

Le docteur Achil. Rose, de New-York, propose le grec moderne comme langue internationale des congrès, pour toutes les communications scientifiques à faire entre les savants des différents pays. Il se base sur ce que le grec est une langue vivante, flexible et parfaitement apte à tous les besoins de la conversation.

En outre, dit-il, c'est une belle langue que l'on apprend aisément et qui se prête à toutes les formes de la conversation et à toutes les expressions littéraires[1].

Le docteur Rose est quelque peu dans l'erreur quand il affirme que le grec moderne parlé et écrit actuellement à Athènes diffère peu du

---

[1] It has been seriously proposed by Dr. Achilles Rose, of New York, that modern Greek should be adopted as the official language of science at all international congresses, and generally for all purposes of communication on scientific matters between workers of different countries, on the ground that Greek is « a living language, flexible, and perfectly adapted to all the needs of human intercourse ». Further it is « a beautiful tongue, easily learned, and lends itself to every form of verbal and literary expression. »

grec homérique. Le grec qu'on parlait à Constantinople en 1453 était bien la langue que parlaient Socrate et Platon ; mais celle que parlent aujourd'hui Arméniens et Hellènes diffère beaucoup du grec ancien. C'est ce que me disait un jeune pope qui appartient à la petite colonie grecque, qui est venu s'installer à Cargese en Corse. Il affirmait qu'actuellement des efforts sont faits à Athènes pour se rapprocher de l'ancien grec.

LE LATIN

Dans l'ordre chrétien, le latin était destiné à devenir la langue universelle et, à l'époque de la domination romaine, la langue du dominateur s'imposait. On parlait le latin dans la Mauritanie Tengitane aussi bien que dans le pays des Daces, aujourd'hui la Roumanie ; sur les bords du Tage et du Guadalkévir comme sur les bords du Danube et de la Vistule. L'unité de langue facilitait l'unité d'administration.

Quand l'empire romain se fragmenta en nations indépendantes, de grands dialectes de la langue latine se formèrent et dégénérèrent vite en langue neo-latines ; mais le latin survécut, comme langue parlée, à la domination romaine, et devint la langue des savants, des érudits, des magistrats, des moines et des prêtres.

Le latin, plus encore que le grec, a contribué à la formation des dialectes Romans. Outre les mots grecs qu'il s'était appropriés et qu'il a transmis aux langues neo-latines, il leur a fourni également ceux qui lui sont propres. C'est ce qu'atteste du reste la dénomination de langues neo-latines donnée aux idiomes dérivés de la langue du latium.

Prescrivant partout sa langue le *Civis Romanus* la propageait par la conquête. La diffusion du latin était une conséquence des exigences de l'unité administrative.

L'éternelle gloire des Romains ce n'est pas d'avoir conquis le monde par les armes, mais bien plutôt de lui avoir légué la science du droit sous sa vraie formule. Le *Jus Romanum* accepté comme base de la législation par les nations civilisées, et toujours étudié dans la langue où il a été formulé, a été et est encore cause de la diffusion de cette langue. Il est pour elle une garantie de pérennité. Pour les croyants, elle en trouve une autre dans l'église catholique dont elle est l'organe. Du Vatican où dernièrement encore on rédigeait en latin les documents diplomatiques relatifs à l'affaire des Carolines, la latinité rayonne sur tous les points du globe où l'église a ses représentants.

Dans tous les idiomes des pays civilisés, des mots latins, des expressions, des locutions, des maximes latines ont été admises; elles font partie intégrante de ces idiomes où elles ont en quelque sorte acquis droit de cité. Tous ces mots latins, toutes ces formules de la sagesse antique, de la vérité évangélique, de la science du droit, tous ces axiomes scientifiques fournis par la médecine, l'hygiène, la chimie, la physique, ainsi que ceux fournis par la philosophie et la diplomatie même forment comme un fond de latinité commun à tous les peuples.

EXPRESSIONS ET LOCUTIONS LATINES
GÉNÉRALEMENT CONNUES

Ab absurdo — Abdomen — Ab hoc et ab hac.
Ab imo pectore — Ab intestat — Ab initio.
Ab irato — Ab Jove principium — Ab ovo.
Ab alio expectes alteri quod feceris.
Ab uno disce omnes — Abusus non tollit usum.
Abyssus abyssum invocat — Accessit — Accipe.
Acta est fabula — Acta non verba — Ad arbitrium.
Ad arma — Ad augusta per angusta.
Ad aperturam libri — Addenda.
Adeo in teneris consuescere multum est.
Ad exemplum — Ad gloriam.

Ad græcas, bone rex, flant mandata calendas.
Ad gregem — Ad duritiam cordis — Ad hoc.
Ad hominem — Ad honores.
Adhuc sub judice lis est — Ad infinitum.
Ad libitum — Ad litem — Ad litteras — Ad litteram.
Ad majorem Dei gloriam — Ad ostentationem.
Ad patres — Ad pompam et ostentationem.
Ad perpetuam rei memoriam — Ad referendum.
Ad rem — Ad tempus — Ad unguem — Ad unum.
Ad usum Delphini.
Ad venturam — Ad valorem — Ad vitam æternam.
Agnus Dei — Æquo animo — Æquo pulsat pede.
Aer pabulum vitæ — Ære perennius — Æs triplex.
Æternum vale — A fortiori.
Age libertate decembris — Agenda — Age quod agis.
A latere — Alea jacta est.
Albo lapillo notare diem — Album — Alias — Alibi.
Alinea — Alma mater — Alma parens.
Alteri ne feceris quod tibi fieri non vis — Alter ego.
Amant alterna Camœnæ — Amicus humani generis.
Amicus Plato, sed magis amica veritas.
A minima — Angelus.
Anguis in herba — Anima vili — Ante mare, undæ.
Ante mortem — Ante meridiem — Anus.
Aperto libro — A posteriori — A priori.
A porta inferi erue animam ejus — Appendix.
Apparent rari nantes in gurgite vasto.
Aquæ potoribus — Aquarium — A quia.
Aquila non capit muscas — Arcades ambo.
A remotis — Argumentum ad crumenam.
Argumentum baculinum.
Argumentum ad hominem.
Ars longa, vita brevis — Articulo mortis.
A sacris — Asinus asinum fricat.
Assueta vilescunt — A teneris unguiculis.
A tergo — Atrium — Audaces fortuna juvat.
Audax Japeti genus — Audi alteram partem

Audiatur et altera pars — Aurea mediocritas.
Aures habent et non audient — Auri sacra fames!
Austria est invisa orbi universo.
Austriæ Est Imperare Orbi Universo.
Aut Cesar, aut nihil — Ave Maria.

Beati pauperes spiritu — Beati possidentes.
Bella matribus detestata — Benedicite.
Bis dat qui cito dat — Bis repetita placent.
Bona fide — Bone Deus!
Bonum vinum lætificat cor hominis.
Breve per exemplum iter.

Cœtera desiderantur — Caput mortuum.
Carpe diem — Cara deum soboles — Carcere duro.
Castigat ridendo mores — Casus belli — Catalogus.
Cavat gutta lapidem — Cave ne cadas.
Cave canem — Caveant consules!
Corpora non agunt nisi soluta.
Cedant arma togæ — Cesar morituri te salutant.
Cito tuto et jucunde.
Corpus inscriptionum latinarum — Corpus Domini.
Corpus juris.
Cor facit disertum — Circulus — Circumfusacito.
Chorus — Claudite jam rivos, pueri.
Cæcus amor.
Cœlo tonantem credidimus Jovem.
Cœli enarrant gloriam Dei — Cogito, ergo sum.
Cœca invidia est — Compelle intrare.
Compendium — Compos sui — Concedo — Confiteor.
Conjungo — Concretum — Consensus omnium.
Corvus non capit muscas — Consilio manuque.
Consummatum est — Conventum.
Contraria contrariis curantur — Crucificatur.
Coram populo.
Corpus delicti — Cubitus — Credo.
Credo quia absurdum — Cuique suum.

Cura te ipsum medice — Currente calamo.
Cura ut valeas — Cum quibus.
Criterium — Cholera morbus.

Date obolum Belisario — Davus sum non Œdipus.
De auditu — Debellare superbos.
Decipimur specie recti.
De commodo et incommodo — Decorum.
Decrescendo — Decubitus — De cujus — De facto.
De gustibus et coloribus non disputandum.
De jure — Deleatur — Delenda Carthago.
Delirium tremens.
Delicta majorum immeritus lues — Deliquium.
De minimis non curat prætor.
Dente lupus, cornu taurus petit — Dente superbo.
Dentibus albis — Deo gratias — Deo ignoto.
Diis ignotis. — Deo juvante.
De omni re scibili, et quibusdam aliis — De plano.
De profundis — Desinit in piscem — Desideratum.
Desiderata — De stercore Ennii.
De te fabula narratur — Detritus.
Deus dedit, Deus abstulit — Deus, ecce deus!
Deus ex machina — Deus nobis hæc otia fecit.
De viris — De visu — Diem perdidi — Dies iræ.
Difficiles nugæ.
Dignus intrare in docto corpore — Di meliora piis.
Disjecti membra poetæ — Distinguo.
Divide ut imperes — Dixi — Do ut des.
Doctor in utroque — Doctus cum libro.
Dominus vobiscum.
Donec eris felix — Dulces reminiscitur Argos.
Duplicata — Dura lex, sed lex.

Ecce homo — Ecce iterum Crispinus.
Ego sum qui sum — Ejusdem farinæ.
Ense et aratro — Epicuri de grege porcum.
Epitome — E pluribus unum — Ergo.

Habeas corpus — Habemus confitentem reum.
Eripuit cœlo fulmen sceptrumque tyrannis.
Errare humanum est — Errata — Erratum.
Est modus in rebus — Etiam periere ruinæ.
Etiamsi omnes, ego non — Et cetera.
Et in Arcadia ego! — Et lux facta est.
Et nunc erudimini — Ex ou *Ab abrupto.*
Ex æquo — Ex cathedra — Exceptio bonæ fidei.
Exceptis excipiendis — Ex commodo.
Ex consensu — Ex dono — Exeat.
Exegi monumentum — Exequatur.
Ex libris — Ex nihilo nihil — Ex officio.
Ex ore parvulorum veritas — Expende Annibalem.
Extremæ est dementiæ discere dediscenda.
Experto crede Roberto — Ex professo — Exsudat.
Extra muros — Ex ungue leonem — Ex voto.

Fabricando fit faber — Fac secundum artem.
Facies — Facit indignatio versum.
Facta non verba — Facta potentiora verbis.
Factum — Fama crescit eundo — Fama volat.
Fac simile — Favete linguis — Felix culpa!
Femur — Fervet opus — Festina lente — Fiat lux!
Felix qui potuit rerum cognoscere causas.
Fiat voluntas tua — Fidus Achates.
Finis coronat opus — Flagrante delicto.
Fluctuat nec mergitur — Flores.
Fontes aquarum.
Fortitudo ejus Rhodum tenuit.
Forceps — Fortunate senex! — Forum.
Franco.
Fugit irreparabile tempus.

Genus irritabile vatum — Gloria victis!
Gradus ad parnassum — Græcum est, non legitur.
Grammatici certant et adhuc sub judice lis est.
Gratis — Gratis pro Deo.
Gutta cavat petram — Grosso modo.

Habent sua fata libelli — Habitus — Habitat.
Haut ignara mali miseris succurrere disco — Hiatus.
Hic — Hic et nunc — Hic jacet — Hic jacet lepus.
Hoc caverat mens provida Reguli.
Hoc erat in votis — Hoc fac et vives.
Hoc opus, hic labor est — Hodie mihi, cras tibi.
Homo homini lupus — Homo novus.
Homo sum, et nihil humani a me alienum puto.
Honora medicum.
Horresco referens — Hospes hostis — Hostia.
Humanum scibile — Humus.

Ignoti nulla cupido — Ibidem — Idem.
Impavidum ferient ruinæ — Ibunt in ignem eternum.
In dolore paries filios.
In hoc signo vinces.
Iliacos intra muros peccatur et extra — Illico.
In medias res.
Impedimenta — Imperium in imperio — Impromptu.
In medio stat virtus.
In anima vili — In articulo mortis — Incognito.
In cauda venenum — Incidit in scyllam.

La liste ci-dessus, bien que très incomplète, beaucoup de mots et d'expressions n'étant pas mentionnés, s'arrête à la lettre *i*, et pourtant elle pourrait déjà se prêter à la formation d'un petit vocabulaire.

Nombreux aussi sont les mots qui sont passés du latin dans les langues Romanes avec une légère modification terminale : *Opinio, religio, musa, rosa, admirabilis, tabula, fabula,* forment nos mots français opinion, religion, muse, rose, admirable, table, fable.

L'espagnol et l'italien ont peut-être encore avec le latin une affinité plus grande que le français. Les mots italiens *feretro, encomio,* ont avec les mots latins *feretrum* et *encomium* une analogie que ne présentent pas nos mots cercueil et éloge.

Langue du droit et de l'église, langue classique et universitaire, le latin continue d'être étudié dans tous les pays par une certaine classe de la société, et, s'il n'est plus parlé, il est au moins censé rester partout à l'état de traces reviviscentes.

Langue internationale du moyen âge, le latin est resté la langue internationale des savants à l'époque de la renaissance et jusqu'au XVIIe et XVIIIe siècles.

Depuis qu'il a cessé d'être la langue internationale des savants, le polyglottisme babélique tend à les séparer de plus en plus et à confiner chaque savant dans les limites de sa région. En présence des graves inconvénients de ce polyglottisme beaucoup d'esprits sérieux, s'ils n'osent rêver une langue universelle, *unam uni generi humano linguam,* voudraient au moins qu'on en revint au latin comme langue des lettrés et des savants. Voici ce qu'écrit à ce sujet le docteur Edward Sieveking, de Londres, au docteur Pietra Santa, directeur du journal l'*Hygiene,* à Paris.

Londini ex œdibus Mancastri n° xvij,

Eduardus H. Sieveking Doctori de Pietra Santa S. P. D.

Per multa sæcula viri, scientiæ dediti, lingua latina usi sunt ut de rebus metaphysicis et de philosophia inter se dissererent et disputarent. Neque intelligo cur hoc non fiat nostro quoque tempore. Lingua Gallica admodum rebus diplomaticis suppetit, sed multi sunt doctissimi, in variis regionibus, quibus non est facultas Gallicè loquendi, et scribendi linguam vestram argutissimam, quamvis optissima sit pro consuetudine et commercio societatis. Mihi saltem videtur, ut, quantum fieri possit, omnes scientiæ cultores, ubique terrarum, et præsertim in Scholis et in Academiis linguæ latinæ faverent, quo facto neque « *Volapük* » *nec alia lingua (vernaculo ore excepto) necessaria foret. Hoc mihi in mentem venit post literarum Doctoris Echo (in tua ultima editione commentarii de rebus hygienicis) lectionem. Vale. Omnia fausta tibi precor.*

A. D. IV kal. Maii. MDCCCLXXXIX.

« Pendant des siècles les savants ont eu re-
« cours au latin pour discuter sur des questions
« métaphysiques et philosophiques.

« Pourquoi n'en est-il plus ainsi aujourd'hui.
« Le français peut convenir comme langue di-
« plomatique, mais dans beaucoup de pays,
« nombre de gens instruits ne sont pas à même
« de parler ou d'écrire votre langue pleine de
« finesses bien que se prêtant merveilleusement
« à la conversation familière et mondaine.

« M'est avis que tous ceux qui s'occupent de
« science devraient favoriser l'étude du latin
« partout, mais surtout dans les écoles et les
« académies. Dès lors, en dehors de la langue
« maternelle, toute autre langue, y compris le
« Volapük, devient inutile. » 4 mai 1889.

Un savant Italien, G. Tuccimei, professeur d'histoire naturelle à Rome, parle dans le même sens que le docteur Sieveking. — On ne s'imagine pas, dit-il, le préjudice causé à la science le jour où le latin a cessé d'être la langue internationale des savants et a été remplacé par une foule d'idiomes. Depuis lors en effet, la science, patrimoine de tous et qui doit rayonner comme le soleil par de là les monts et les mers, la science s'est peu à peu isolée dans chaque nation. Chaque savant écrivant dans sa propre langue Hollandais, Suédois, Tchèque, Croate, Magyare, Roumain, Bulgare, Turc, Japonais, il faut, pour que ses recherches soient connues, traduire son œuvre en plusieurs langues.

Si cette traduction ne se fait pas, ce qui arrive le plus souvent, les œuvres de ces savants restent inconnues. Le docteur Tuccimei dit que c'est un vrai supplice d'être entouré de livres de savants qu'on ne peut déchiffrer et dans lesquels se trouvent peut-être des renseignements précieux sur la question qui vous occupe. Il considère l'absence d'une langue scientifique universelle comme étant surtout préjudiciable à l'histoire naturelle. Ici, en effet, le champ d'étude étant immense, la division du travail est extrême. Nombreux par conséquent sont les spécialistes pour l'exploitation de chaque partie de ce grand tout scientifique, nombreuses par conséquent leurs publications en toutes les langues.

Pour être au courant de cette seule branche du savoir humain, il faudrait que le savant sacrifiât une partie de son existence à l'étude des langues. Il y aurait là perte d'un temps précieux, qui peut être appliqué plus utilement à l'étude des sciences. Tout le monde d'ailleurs n'a pas le génie polyglotte d'un Mezzofanti.

Dans l'intérêt de la science, mieux vaudrait écrire dans une langue comprise de tous les savants que d'écrire en trente-six idiomes qui ne sont pas compris hors des frontières du pays où on les parle.

Tuccimei et ses collègues ne se bornent pas à crier *Restauriamo il latino!* Ils agissent. Ils publient aujourd'hui en latin les annales d'histoire naturelle qu'ils publiaient en italien ; c'est le meilleur moyen de servir la cause de la latinité. A ce sujet, le professeur Tuccimei m'écrivait :

Romœ (via dell' Anima 59) die 22ª junii.

Accepi duas ephemerides a te missas, et scripta ad latini sermonis usum vulgandum, libenter legi; nam sententiœ tuœ et votis omnino, prout scis, accedo. Plurimas tibi ago gratias, pro actionis a me Romœ incohatœ memoria habita. Nos vero huc non verbis tantum sed exemplo operamur. En novœ ephemeridis primum numerum tibi mitto, in qua rerum zoologicarum latine disseritur ab aliquibus Romœ naturœ cultoribus. Cura ut ephemeris dignoscatur quœso, et exemplum nostri apud vos imitetur.

Observantiœ meœ in te sensus excipe et vale.

Obsequentissimus servus tuus,

Joseph Tuccimei.

La Société de médecine du XVIIᵉ arrondissement de Paris s'est occupée de l'adoption d'une langue scientifique internationale. Le docteur Ducor, chargé de faire un rapport sur cette question, s'exprime ainsi en parlant du latin envisagé comme langue internationale :

« Il (le latin) est devenu inapte à recevoir des vocables nouveaux, exprimant des idées ou des faits entièrement nouveaux, entièrement imprévus à ceux qui l'avaient créé. » Notre confrère oublie que, tout en protestant contre l'introduction des mots étrangers *(voces barbaræ)* dans la langue du latium, Cicéron était le premier à y introduire des mots exotiques. Ses écrits sont émaillés de mots grecs qui n'avaient pas leur équivalent en latin et qu'il ne pouvait remplacer que par des périphrases. C'est ainsi qu'il est obligé de traduire exégèse par *interpretatio religionum*. En gémissant sur la corruption de sa langue, au lieu de reconnaître qu'elle se transforme, l'avocat Romain servait sa vanité de puriste, mais nuisait d'autre part à l'avenir de l'idiome latin. Il discréditait les écrivains qui vont le suivre. Mieux que personne, il sait que sa langue est pauvre et inapte à traduire aucune idée nouvelle en dehors du cadre étroit où s'agitait alors la mentalité romaine. Rome eut des idées fortement conçues, concrètes, peu nombreuses ; un vocabulaire fort restreint suffisait à les rendre. Mais dès que victorieuse de la Grèce par les armes, elle fut vaincue par le génie de celle-ci, suivant le mot d'Horace :

« *Græcia capta ferum victorem cœpit, et artes*
« *Intulit agresti Latio* ».

Force fut à Rome d'élargir son vocabulaire pour pouvoir exprimer ses idées philosophiques, littéraires, scientifiques, grammaticales et artistiques qui lui arrivent de l'Attique. Quand Rome emprunta à la Grèce sa philosophie, elle dut lui emprunter en même temps tout un vocabulaire spécial.

Le latin est obligé de s'helléniser, en quelque sorte, pour pouvoir exprimer les idées philosophiques de Socrate et de Platon. Il va ensuite être obligé de se christianiser pour pouvoir traduire le Verbe fait chair. Après avoir subi une première transformation pour pouvoir rendre les idées abstraites des Sages de la Grèce, la langue de Tullius en subit une seconde pour rendre les idées spirituelles et surnaturelles du Christ. La langue de Tullius doit se plier à la prière et aux homélies. Des mots nouveaux, exprimant des idées entièrement nounouvelles : grâce, incarnation, rédemption, charité, eucharistie, etc., prennent place dans son vocabulaire.

Il est bien curieux de constater que le latin

cicéronien, mis au service de l'idée chrétienne, prend un air gauche et prétentieux. Erasme en donne la preuve en traduisant en latin cicéronien ces quelques lignes écrites en latin ecclésiastique :

« *Jesus Christus, verbum et filius æterni patris, juxta prophetias venit in mundum, ac factus homo, sponte se in mortem tradidit, ac redemit ecclesiam suam, offensique patris iram avertit a nobis, eique nos reconciliavit, ut per gratiam Dei justificati, et a tyrannide diaboli liberati inseramur Ecclesiæ; et in Ecclesiæ communione perseverantes, post hanc vitam cousequamur regnum cœlorum.* »

Voici la traduction en langage cicéronien :

Optimi maximique Jovis interpres ac filius, servator rex, juxta vatum responsa ex Olympo devolavit in terras, et hominis assumpta figura sese pro salute Reipublicæ sponte devovit Diis Manibus, atque ita rempublicam suam asseruit in libertatem, ac Jovis optimi maximi vibratum in nostra capita fulmen retinxit, nosque cum illo redegit in gratiam, ut persuasionis munificentia ad innocentiam reparati, et a Sicophantis Dominatu manumissi cooptemur in civitatem; et in reipublicæ societate per-

severantes, quum fata nos evocarint ex hâc vitâ, in Deorum immortalium consortio, rerum summa potiamur.

Ainsi traduite dans le latin choisi et correct qu'on parlait au temps d'Auguste, la pensée chrétienne paraît défigurée, déguisée en quelque sorte sous un accoutrement qui n'est pas le sien. La solennité de la langue païenne sied mal à l'esprit simple des affiliés à la nouvelle doctrine. Pour ces simples, il fallait une langue dépouillée de la pompe oratoire, du *Spumeo verborum ambitu.*

Il est facile de comprendre après cela pourquoi Saint Gérome et Saint Cyprien, qui l'un et l'autre sont Cicéroniens, renoncent aux beautés du langage païen pour en adopter un qui soit en harmonie avec la simplicité apostolique. Saint Gérome proscrit cette rhétorique fardée qui se produit en public comme une courtisane, et vise non pas à convaincre, mais à se faire applaudir : « *quasi quædam meretricula procedens in publicum non tam eruditura populos quam favorem populi quæsitura.* »

Après avoir subi une première transformation que j'appellerai hellénique, une deuxième que j'appellerai chrétienne, le latin en subit une troisième qui est la transformation scientifique.

La science impose au latin un grand nombre de mots qui lui sont apportés par l'anatomie, la physiologie, l'hygiène, la botanique, la médecine, la pharmacie, la physique, la chimie, la géométrie ; mots qui permettraient d'allonger singulièrement la liste ci-dessus des mots latins généralement connus.

Le latin ne pouvait pas plus être fixé irrévocablement au temps de Cicéron que ne pouvait l'être le français au temps de Montaigne. Celui-ci se plaint déjà de la variation de sa langue et se demande « si l'on peut espérer que sa forme presente soit en usage d'icy a cinquante ans ? Il escoule, dit-il, tous les jours de nos mains, et, depuis que je vis, s'est alteré de moitié. Nous disons qu'il est, à cette heure, parfaict ; autant en dict du sien chaque siecle... C'est aux bons et utiles escrits de le CLOUER à eux, et ira sa fortune selon le credit de notre etat ». (*Essais*, liv. III, chap. IX.)

Depuis, le français s'est modifié ; des expressions nouvelles ont remplacé les anciennes : mult, deul, ardire, sont remplacés par beaucoup chagrin, brûler. L'anglais a fourni à notre langue tout le vocabulaire du turf et des sports ; l'italien lui a apporté ses expressions musicales. Elle a emprunté quelques mots à l'arabe, tels que élixir, amiral, alcool, hachis, etc. Elle a emprunté à l'espagnol le mot rastacouère, aux tziganes le mot chouriner. Enfin, le progrès et les découvertes de la science lui ont imposé la formation des mots nouveaux : timbre-poste, télégraphe, téléphone, fulgurine, etc.

De même, au temps de Tullius, le latin se modifiait, abandonnant des expressions nouvelles pour en reprendre d'autres tombées en désuétude :

« *Multa renascentur, quæ jam cecidere ; cadentque*
Quæ nunc sunt in honore vocabula, si volet usus,
Quem penes arbitrium est, et jus, et norma loquendi ».

HORACE *(de arte poetica).*

Au XVe siècle, les humanistes Scaliger, Bembo, et autres sont bien forcés, tout cicéroniens qu'ils sont, d'employer des mots nouveaux pour exprimer des idées nouvelles. Pourquoi ne pourrait-on faire aujourd'hui ce qu'on a fait au XVe siècle ? Pourquoi ne forgerait-on pas des mots nouveaux pour exprimer des choses inconnues à l'époque de la Renaissance, et ne dirait-on pas, par exemple, *binarium* pour rails, *ferrovia* pour chemin de fer, *francobollus* pour timbre-poste, *flammifera* ou *flammigena* pour allumette, etc., etc. ? Le latin fournissant des néologismes aux autres langues, pourrait fort bien en forger pour son propre compte.

C'est un droit que lui reconnaît Horace, dans sa lettre aux Pisons :

« *Quid autem
Cæcilio Plautoque dabit Romanus ademptum
Virgilio Varioque ? Ego cur acquirere pauca
Si possum, invideor ? cum lingua Catonis et Enni
Sermonem patrium ditaverit, et nova rerum
Nomina protulerit ? licuit semperque licebit
Signatum præsente notâ producere nomen.* »

« Pourquoi priverions-nous Varius et Virgile
D'un droit dont ont joui jadis Plaute et Cécile ?
Si j'en invente aussi, désapprouvera-t-on
Que j'imite en ce point Ennius et Caton ?
On en a toujours fait, on en peut toujours faire
Les marquant au bon coin dans la règle ordinaire. »

Erasme a pu, en un latin vif et délié, causer *de omni re scibili ;* mettre cette langue au service d'un esprit satirique, qui ne paraissait permis qu'au seul Pasquino. Les savants ont exprimé en latin toutes les idées scientifiques. Le latin a été utilisé en Hongrie comme langue parlementaire et usuelle. Dernièrement Léon XIII traitait en latin la question ouvrière, et l'on oserait dire après cela que le latin manque de flexibilité et ne saurait traduire les idées modernes ! C'est là une mauvaise raison pour écarter le latin comme langue internationale. La vraie, la seule raison que, pour cela, on puisse mettre en avant, c'est qu'on l'enseigne sans l'apprendre. Si on eût enseigné comme il convient cet idiome si bien fait pour servir de lien entre les nations « *linguæ latinæ mira quædam vis inest ad jungendas nationes* », il n'y aurait pas lieu aujourd'hui de parler d'une langue internationale. Elle existerait depuis longtemps.

LE LATIN

Dans les Congrès

Le congrès médical international qui eut lieu à Florence en 1869, fut pour les médecins français une excellente occasion de constater qu'on n'enseigne pas le latin en France de manière à permettre de le parler.

Comme les médecins italiens organisateurs du congrès avaient fait leurs cours de médecine en latin, passé leurs examens et subi leurs thèses en latin, ils pensèrent que leurs confrères des divers pays ayant aussi étudié le latin, il était plus convenable et qu'il serait plus commode pour tous de choisir pour langue officielle du congrès la langue de Galien, de Morgagni, de Baglivi; c'est ce qu'ils firent. Mais comme en France on ne songe nullement à habituer l'élève à s'exprimer en latin; comme les cours de médecine se font en français et que l'épreuve latine qu'on nous imposait encore en

1853 (pour la frime comme disait l'appariteur) a été supprimée, nous ne sommes guère préparés à discourir en latin. Le professeur Bouillaud ayant été élu président du congrès se tira d'affaires au moyen d'un discours bilingue en quelque sorte, tant son français était émaillé de citations virgiliennes et autres. Faire des citations latines est le seul moyen que nous ayons de parler latin après sept ou huit ans d'études.
— Le premier qui prit la parole après le professeur Bouillaud fut un médecin de Cagliari. Il nous fit en latin une communication sur la fièvre palustre en Sardaigne. Une discussion s'engagea à laquelle les médecins français s'abstinrent de prendre part, soit qu'ils n'eussent pas compris le latin prononcé à l'italienne, soit qu'ils se sentissent incapables de s'exprimer en cette langue. Voyant l'impossibilité où nous étions de parler latin, le docteur Pantaleoni proposa de laisser à chacun la faculté de s'exprimer dans son idiome.

De tous les médecins italiens, celui qui se montra le meilleur latiniste, fut, sans contredit, le docteur Baccelli, ministre de l'Instruction publique à Rome. Il serait difficile aujourd'hui, j'imagine, de trouver quelqu'un qui manie avec plus d'aisance la langue cicéronienne. Dans toutes les discussions auxquelles il prit part, le docteur Bacelli s'exprima en cette langue avec une clarté et une élégance parfaites, se permettant d'ornementer de temps en temps son argumentation d'un *Hercle* (par Hercule) bien senti : *Hercle*, venait accentuer le discours là où dans le langage italien, on aurait eu recours au *Per Bacco* pour produire pareil effet. Si le docteur Bacelli parle le latin comme sa langue maternelle, c'est qu'au collège il l'a vraiment appris, et que, devenu professeur à l'Ecole de médecine de Rome, il ne discourait qu'en latin avec ses élèves.

Tous les congrès se terminent, comme on sait, par un banquet qui, suivant de méchantes langues, est pour beaucoup de congressistes la partie la plus intéressante du programme de ces sortes de réunions. Ayant pris la première place vacante au bout d'une table, je me trouvai placé entre un médecin polonais du duché de Posen et un médecin allemand.

Le polonais, mon voisin de droite, paraissait très disposé à causer; mais comment faire? Outre sa langue maternelle, il connaissait le russe et l'allemand; de plus ayant été médecin au début de sa carrière, dans l'armée du Sultan, il parlait aussi le turc; toutes langues qui me sont inconnues. D'un autre côté, il ne comprenait ni le français, ni l'anglais, ni l'espagnol,

ni l'italien, langues que je parle plus ou moins. Une seule ressource nous restait : essayer de parler latin. Il me demanda si je le parlais :
— *Calles ne latine?* — *Paululum*, répondis-je, appuyant beaucoup sur ce diminutif, de façon à bien faire sentir ce que mon affirmation avait de restrictif. Bien m'en prit, car je me trouvai vite à bout de mon latin. Cela m'humiliait, mais ce qui ne m'humiliait pas moins, c'est que j'étais loin de comprendre tout ce que disaient mes voisins. Ainsi je ne comprenais pas mon Polonais, lorsque me voyant mettre de l'eau dans mon vin, il me disait : *merum infuscas!* mais sa mimique était si expressive, que je devinai qu'il me reprochait de gâter le vin avec l'eau. Connaissant la nationalité de mon aimable confrère, j'étais désireux de le voir vérifier le proverbe; aussi dès que son verre était vide je le remplissais, ce que voyant, il me dit en souriant : *Gratias, cyathissare mihi soles;* j'aurais été arrêté par le verbe *Cyathissare*, n'eût été cette pantomime expressive par laquelle il me disait : Merci! tu ne cesses de remplir mon verre; et il se mit à plaisanter sur le proverbe *boire comme un Polonais*, contre lequel, par ses rasades, il ne s'inscrivait pas trop en faux. Je finissais par le comprendre, mais c'était moins par son latin que par sa mimique expressive que j'entrais en

communication avec mon interlocuteur. Il m'eût parlé turc que je l'eusse compris encore.

En fait de latin ne pouvons-nous guère, encore une fois, que faire des citations quand l'occasion se présente. Elle s'offrait ici et me permettait de démontrer à mes confrères que si je ne possédais pas comme eux Plaute, Térence, Pétrone, j'avais au moins un peu cultivé Ovide. En prenant congé d'eux, je m'appliquai le vers de ce poète :

Barbarus hic ego sum quia non intelligor illis

« Je suis ici un barbare, dont le langage vous est inintelligible. »

Par politesse, ils protestèrent contre l'application que je me faisais de cet hexamètre, mais ne m'en conseillèrent pas moins la lecture de Plaute et de Térence, s'étonnant que l'Université ne m'eût pas familiarisé avec ces poètes.

Au congrès médical de Berlin, où les français furent accueillis avec la plus grande confraternité, deux orateurs l'un Italien, l'autre Prussien se sont exprimés en latin. *Latinus sum,* disait Bacelli, *igitur latine loquor.*

Quant au professeur Vierchow renonçant à sa propre langue pour s'exprimer en latin, par égard pour les congressistes Français, Italiens,

Espagnols et autres, il accomplit là un acte de courtoisie dont on lui sut grand gré.

Au congrès des Américanistes à Huelva, ayant à faire une communication sur les navigateurs qui ont, avant Christophe Colomb, foulé le sol Américain et devant appuyer ma communication sur de nombreuses citations latines, je pensai qu'autant valait faire cette communication tout entière en latin. C'est-ce que je fis. Une autre raison m'engageait à en agir ainsi, c'est qu'à la séance précédente on s'était exprimé en six idiomes, en anglais, en allemand, en espagnol, en français, en italien et en portugais. Je voulais suggérer l'idée de recourir au latin comme langue internationale des congrès.

C'est dans la capitale de la Hongrie que s'est réuni le VIIIe congrès international d'hygiène et de démographie. Le latin a été la langue universitaire, politique, populaire des Hongrois jusqu'en 1850. Aujourd'hui même, c'est encore en latin que sont délivrés les diplômes universitaires. C'était donc le cas et le lieu de demander la reprise du latin comme langue internationale. Le docteur Chantemesse (nom prédestiné pour cette mission) a élevé la voix en faveur du latin et demandé qu'il fût adopté comme langue officielle dans les congrès scientifiques. La proposition du médecin français a été accueillie favorablement et pour lui donner immédiatement satisfaction, la Société de démographie a décidé de publier désormais en latin ses travaux de statistique.

Les autres travaux du congrès sont publiés en français, en anglais, en allemand et en hongrois, c'est-à-dire dans les quatre langues dont on s'est servi à ce congrès.

Au congrès pour l'enseignement supérieur qui s'est ouvert à Lyon, le 29 octobre 1894, M. Roumellaz, de l'Université de Fribourg-en-Brisgau, a lu une adresse en latin.

Qui est allée, en 1894, au congrès médical de Rome, a pu se convaincre que, là où elle a pris naissance, il y a encore pour l'antique langue du *Latium* des éléments de vitalité. Il y aurait peu d'efforts à faire pour généraliser l'usage du latin en dehors du Vatican, dont il est la langue officielle.

C'est en latin que le Dr Bacelli, président du congrès médical, a souhaité la bienvenue aux congressistes dans le théâtre Constanci, en présence du roi, de la reine, du corps diplomatique et de grandes illustrations scientifiques.

Voici la dernière partie de son discours :

Salvete, clarissimi viri !
Classica hæc regio libens Vos excipit ubi divinus

libertatis alitus veterem gentis magnitudinem reducet.

Hic nemo habetur extraneus. Hic ubi omnis terræ pars sua monumenta invenit, omne hominum genus unam tantummodo familiam constituat.

Unusquisque consilio et opere populorum incolumitati, hominumque valetudini prospiciat. Tunc memorabiles patrum latinorum sententiæ per Vos novissima luce nitebunt « Salus populi suprema lex esto » et « nulla re magis homines ad Deos accedere quam salutem hominibus dando ».

Hospites doctissimi, iterumque iterumque salvete.

Humbertus et Margarita, regiæ virtutis exemplaria, honoris causa vobis intersunt.

Hic adstant supremi rerum italicarum moderatores; adstant qui vice funguntur Senatus et Oratorum popularium legibus ferendis; adstant Municipiorum curatores; tota civitas conspectu vestro gaudet et vobis plaudit. Ergo vero singulari lætitia perfundor quod Regis voluntate ac nomine mihi liceat dicere : — Undecimum omnium gentium de medicina conventum hodie Roma auspicatur.

Les paroles du Dr Bacelli n'ont pas été perdues pour S. M. la Reine; on affirme qu'elle a étonné Bonghi, l'encyclopédiste bien connu, quand, visitant avec elle les salles du musée du Capitole, il a constaté ses connaissances en épigraphie lapidaire.

De divers pays, des télégrammes de félicitations ont été adressés à Bacelli en langue latine,

Remarquons en passant que, d'après M. Ulrichs, directeur du journal *Alaudæ,* le latin serait très souvent utilisé pour les communications télégraphiques. Sur 41 télégrammes envoyés à Rome à l'occasion des fêtes organisées en l'honneur de Rossi, 15 étaient en latin : « *Apparet hoc denuo e libro* ALBUM ROSSI. *Exhibet enim liber telegrammata 41, transmissa undique gentium Romam mense Apr. 1892 ad solemnia Rossiana inter quæ scripta fuerant italice 21, gallice 4, germanice 1, latine 15.* »

Le Dr Bacelli a reçu également de nombreuses adresses rédigées en latin. Voici quelques-unes des strophes que lui adresse le Dr Steele, de Londres, et qu'a reproduites *the lancet :*

GUIDO BACELLI,
PRÆSES CONGRESSUS MEDICORUM UNIVERSORUM

Urbs universas en! trahit hospita
Gentes, ut olim; non tamen efferas
 Venationes ad videndas,
  Muneraque exitiosa arenæ.

Sed summa Pacis præmia, sed bona
Quæ victor Anguis fert Epidaurius,
 Sed arma, Bacelli, sed arma
  Digna Machaoniis triumphis.

Hac Æsculapi nam trieteride,
Per te resurgunt templa deo, quibus
 Morbo laborantes fruantur
  Et studiosa simul caterva.

10.

Qua parte muri signifer Allobrox
Irrupit Urbem jura ferens nova,
Præcepta largiris datura
Splendidius sine vi tropæum.

Dum Tibris Etruscum in mare defluat
Flavente lapsu, stat Polyclinicum
Fulgens tributurum salutem
Italiæ dominæque Romæ.

Le Dr Ballabeni a adressé ces distiques à son maître Bacelli et aux congressistes auxquels un lunch monstre était offert dans les thermes de Caracalla.

GUIDONI. BACCELLIO
STUDIIS. MODERANDIS. PER. ITALIAM
PRAEPOSITO
VIRISQUE. CLARISSIMIS
E. GENTIBUS. UNIVERSIS
ARTIUM. SALUTARIUM. PERITIS
COMMUNIA. CONVIVIA
NON. APRIL. M D CC XCIIII
AD. THERMAS. ANTONINIANAS
HABENTIBUS
CAESAR. BALLABENIUS. ROM.
MAGISTRO. SUO. ET. COLLEGIS.

Marmoribus variis quæ quondam auroque nitentes
Antonini Ædes hic tenuere solum,
Nunc medicæ excipiunt artis male nixa peritos
Saxa, Urbs e toto quos legit orbe simul.
Saxa modo at melius videas male nixa nitere,
Quam quum Ædes auro marmoribusque fuit.
Tum luxu et multo hic flaccebant corpora lusu,
Nunc arte hinc medica est vis data corporibus.

Le lunch venait à peine de commencer qu'une nuée de pigeons voyageurs, s'échappant d'une salle de bains, prenait son vol au-dessus des thermes, et, au même moment des milliers de petites banderolles de papier de toute couleur tombaient sur les convives et jonchaient le sol. Ces banderolles portaient, à l'adresse des congressistes, des compliments comme celui-ci :

« *Excipit omne genus sapientium Roma resurgens.* »
« *Italia læto socios clamore salutat.* »

Sur les murs du *Polyclinico,* on lisait une affiche invitant les congressistes à contribuer à l'érection d'un monument à élever à la mémoire de Morgagni ; c'est en latin qu'elle était rédigée.

Je n'ai pas été peu surpris de rencontrer à Rome, sur la porte de plusieurs maisons à louer, cet écriteau : *Est locanda.*

Au dîner qui a réuni les membres de la section de médecine interne, un médecin allemand, le docteur X..., a composé, pour la circonstance, des strophes latines assaisonnées du sel le plus attique et dont chacune a été vivement applaudie.

Les hydrologistes qui étaient au congrès de Rome ont été conviés à se rendre à Naples pour y visiter les thermes d'Ischia, de Baïa, les eaux minérales de Torre dell Annunziata, de Castellamare et de Télèse. Les congressistes ont rencontré partout l'accueil le plus cordial, le plus enthousiaste, le plus vésuvien qui se puisse imaginer. A Torre dell Annunziata, M. Cucurullo nous a souhaité la bienvenue en langue latine. De son discours, j'ai retenu ces sages paroles : « *Uti aquæ saluberrimæ* « *quas vidistis, maculas corporis lavant, va-* « *letudinemque restituunt, sic vos in Italiam* « *advenientes, quæ olim omnibus gentibus* « *jura et leges tradidit, insanas inter civiles* « *populos dissentiones dissipate, concordiam* « *atque fidem prædicate et doctrinæ et sa-* « *pientiæ vinculis omnes terrarum gentes* « *conjungite.* »

Au banquet offert aux congressistes à l'hôtel *qui si sana* qui domine Castellamare, un des convives a porté en latin un brindisi très heureusement tourné.

Comme on le voit, la langue latine montre encore en Italie quelques signes de vitalité. Si jamais elle devait être remise en honneur parmi les lettrés et les savants, c'est sans doute de l'Italie que partirait le signal de sa renaissance.

EXTRA FINES

Le Latin à l'étranger

Jetant les regards au delà des frontières, nous voyons que les accusations portées en France contre les langues anciennes n'ont pas convaincu grand monde à l'étranger.

Quelques-uns en Italie s'inspirant de ce qui s'était fait en France contre l'enseignement classique, ont risqué une tentative contre les lettres latines. Il faut voir avec quelle éloquence et quelle conviction le sénateur Carducci s'est fait leur défenseur. — Loin de songer à mutiler l'enseignement du latin dans les gymnases Italiens on songerait plutôt à l'améliorer. Qu'on lise les dépêches ministérielles de Martini et de son successeur Bacelli, et l'on verra combien ils sont d'avis de sauvegarder les études latines. « J'étudie, dit ce dernier dans sa circulaire du mois de mars 1894, le moyen de rendre aux lycées leur caractère d'écoles classiques et d'y remettre en honneur l'étude du latin. » Certes ce ne sont pas ces ministres qui eussent jamais accepté l'équivalence entre l'examen subi au sortir de l'institut technique et l'examen de licence lycéale.

Aujourd'hui encore l'Italie possède des lettrés qui parlent et écrivent le latin avec pureté et élégance, tels que Gabrinus de l'université de Bologne, Vallaurius de l'université de Turin.

En 1876, Sanseverino publiait à Naples un ouvrage intitulé : *Philosophia christiana cum antiqua et nova comparata*. Le cardinal Pitra, mort à Rome le 11 février 1889, était le seul cardinal Français qui résidait dans la ville de Saint-Pierre. Léon XIII l'avait fait bibliothécaire du Vatican et dom Petra était devenu romain d'adoption. Il a beaucoup écrit en latin, entre autre l'*Histoire de Saint Léger* et son *Spicilegium solesmense*, œuvre remarquable où, dit-on, brille une forme de langue latine égale aux plus beaux modèles de la Renaissance.

Il y a mieux, on versifie encore en Italie dans la langue de Flaccus. *L'Illustrazione popolare* de janvier 1888 publie une poésie latine. L'auteur, Léon XIII, s'amuse à y retracer sa jeunesse en quelques dystiques :

*Quam flore in primo felix, quam læta Lepinis
Orta jugis, patrio sub lare, vita fuit !*

Un Crémonais, Dino Pesces, a publié dernièrement un recueil de poésies latines dont l'une *Ad Lydiam*, quelque peu anacréontique :

> *Veni quæso, solve zonam :*
> *Risum, ludum nocti æquare,*
> *Hoc est vitam vivere.*

Ces publications supposent des lecteurs pour les apprécier. Ajoutons qu'un journal latin *Alaudæ* paraît en Italie ; qu'à Naples un professeur a fait jouer à ses élèves une pièce latine de sa composition ; et enfin qu'on a donné, il n'y a pas longtemps, au théâtre Scribe de Turin, une pièce de Plaute, en latin, le *Trinummus*. La représentation fut précédée d'une conférence faite sur cette pièce par le professeur Stampini.

Relativement à l'enseignement classique en Russie, je ne puis faire que des inductions en m'appuyant sur les deux faits suivants :

En 1893, dans le premier gymnase de Saint-Pétersbourg, les élèves chaussés du cothurne obligatoire donnèrent, avec succès, sur leur théâtre, la représentation d'une pièce grecque, l'*Ajax*, de Sophocle, devant un auditoire composé de parents, de notables et de professeurs.

Je ne sais ce qu'il en est dans les Universités de Kazan, de Kiel, de Moscou, de Charkow, de

Varsovie, d'Helsingfors, mais dans l'Université de Dorpat, il y a pour l'admission au titre de docteur en médecine deux examens, *l'examen philosophicum* et *l'examen rigorosum ;* le candidat doit adjoindre aux diverses épreuves théoriques deux thèses en latin. On voit par là que loin d'être négligé en Russie, l'enseignement gréco-latin y serait plus sérieux qu'en France.

En 1873, le comte Tolstoï (mort en mai 1889), était ministre de l'Instruction publique en Russie. Loin de favoriser le développement des sciences au détriment de l'enseignement classique, il voulut au contraire favoriser celui-ci au dépens de celui-là : « Pas de sciences, écrivait-il, rien que des études classiques : le latin et le grec. Quant à l'arithmétique, un lettré n'en a pas besoin. » Il affectait un certain dédain pour l'école technique où on ne faisait guère que des ingénieurs, il réservait toutes ses tendresses pour le gymnase classique. Quelques protestations contre cette tendance un peu exagérée du comte Tolstoï ne l'arrêtèrent pas.

Nous voyons que le Ministre de l'Instruction en Russie ne partageait pas les idées de M. Lockroy sur les études classiques.

Le pays où s'est le mieux conservé peut-être le culte des muses grecques et latines, c'est l'Allemagne; et l'on ne voit pas que ce culte ait mis obstacle à son développement. Les Allemands se repaissent de latinité. Qu'on lise *Historia critica litterarum latinarum*, de Thomas Vallauris publiée en ces dernières années à Turin, et on sera étonné de voir combien nombreux sont les Allemands qui font des auteurs latins l'objet de leurs méditations et de leurs savantes recherches.

Comme je l'ai dit plus haut, Freinshemius Joannes après avoir réuni tous les renseignements qu'il a pu recueillir, a reconstitué quatre des livres de Tite-Live qui nous manquent, en imitant, autant que faire se peut, le style et l'élégance de l'historien romain [1].

D'autres, Rhenanus, Laurentius Valla, Sigonius Gronovius, Drackenborchius, Walchius, s'attachent à élaguer des œuvres des auteurs latins les erreurs qui ont pu s'y glisser, grâce à l'ignorance des imprimeurs.

Les livres classiques qui sont entre les mains des élèves, en Italie, sont tous chargés de notes

---

[1] *Sed omnium maxime laudandus Ioannes Freinshemius, vir sane immortalitate dignus, qui collectis undique monumentis, quatuor supra centum livianos libros deperditos supplevit, romani historici stilum atque elegantiam, quantum fieri posset, imitatus.* — Valfauris Hist. crit, lib. II.

dues à des lettrés allemands. L'esprit analytique du germain s'y trahit par les notes minutieuses, trop minutieuses même, dont il charge et surcharge la page du texte latin ou grec.

Lorsqu'on sut en 1867 que l'ambassade française au Maroc devait se rendre à Fez, un savant Allemand écrivit aussitôt au médecin de la légation, poste que j'occupais alors, pour l'aviser qu'on présumait qu'une des décades de Tite-Live qui manquent pourrait se trouver à Fez dans la mosquée *El Karoubin.* Je fis faire des recherches par le thaleb de la légation, mais elles demeurèrent infructueuses. — On voit que les Allemands veillent avec soin sur le dépôt sacré des lettres latines.

J'ai appris par un bouquiniste de Milan qu'ils collectionnent pour leurs bibliothèques des livres latins publiés au XVIe, XVIIe et XVIIIe siècles.

Ces amants des muses latines ont été péniblement affectés par les visées de leur jeune empereur en fait d'enseignement. Raillant les antiques, il s'est prononcé pour l'enseignement pratique, ce qui a fort réjoui nos utilitaires. Il n'y a pas trop lieu de s'applaudir d'avoir les suffrages de ce jeune souverain que ses sujets ont surnommé *touche à tout* et qui paraît persuadé qu'en se posant sur la tête la couronne impériale il s'est octroyé l'omniscience. Il s'est mêlé de tactique militaire, de marine, de musique, de thérapeutique (au grand désespoir du docteur Koch, qu'il a amené à communiquer trop hâtivement sa découverte au monde médical). Enfin il s'est mêlé de la question universitaire. Les nouveaux programmes imposés ont donné lieu à une foule de protestations signées par un grand nombre de professeurs et de pères de famille. Nous disons en France que tout le monde a plus d'esprit que Voltaire; on pensera sans doute en Allemagne que tous les membres du corps enseignant sont plus compétents que l'empereur en fait de pédagogie, et qu'il ne suffit pas, pour avoir raison, de substituer sa volonté à la raison et de dire : *Sic volo, sic jubeo, sit pro ratione voluntas.*

Bismarck, qui est bon latiniste et qui dans ses discours faisait souvent retentir le *furor teutonicus*, n'était nullement convaincu que l'étude du latin nuise à celle de la géographie, nuise à la fabrication des canons Krupp et à l'émigration de ses compatriotes. Si le latin était contraire à l'esprit d'émigration, ainsi que l'a écrit Frary, comme on en généraliserait encore davantage l'étude en Allemagne !

L'Angleterre n'a pas constaté jusqu'ici que l'enseignement gréco-latin donné dans ses universités de Cambridge, d'Oxford, d'Edimbourg, etc., nuise en quoi que ce soit à la prospérité commerciale et industrielle et à son expansion coloniale; qu'il développe l'esprit bureaucratique et réfrène l'humeur voyageuse. Elle compte même parmi les hommes d'Etat qui ont le plus contribué à sa prospérité commerciale des latinistes et des hellénistes distingués.

Le latin continue d'être enseigné en Angleterre comme avant, avec cette différence toutefois qu'on y a adopté la prononciation du latin à la manière italienne, qu'on croit avec raison être la meilleure, et celle qui, selon toute apparence, se rapproche le plus de la manière antique. Dans ce pays renommé pour son esprit pratique, le fils de famille qui trouve des banknotes dans son berceau ne les considère pas, ainsi que cela arrive dans d'autres pays, comme une dispense d'étudier, une prime à la paresse. Bien loin de là, richesse oblige. Il doit d'autant plus savoir, qu'il occupe une situation plus élevée. Ses études classiques terminées, il voyage, ce qui prouve que l'enseignement greco-latin ne lui a pas donné l'esprit casanier, et il finit par se mettre à la tête d'une grande industrie, d'une vaste exploitation, ou par se faire *gentleman farmer*, ce qui prouve que ce même enseignement n'enlève pas le goût pour les professions utiles.

C'est parce que l'aristocratie anglaise est instruite, qu'elle ne cède pas sa place à la bourgeoisie. C'est parce que chez nous la bourgeoisie étudie plus que l'aristocratie, qu'elle s'est peu à peu emparée de toutes les avenues du pouvoir.

Le seul Anglais, pour ainsi dire, qui ait approuvé ouvertement la suppression des études greco-latines, c'est le lord-maire qui était à la tête de la cité il y a sept ans. Il est à croire qu'il est loin d'être aussi bon helléniste que Gladstone, aussi bon latiniste que lord Dufferin.

Dans les universités de Cambridge et de Dublin, c'est toujours en latin, suivant l'usage traditionnel, qu'on énumère les titres et qu'on fait l'éloge de ceux qui sont nommés membres honoraires de l'université.

Lorsqu'en juin 1893, le titre d'académicien fut conféré au roi Indien Bhagour, Cl. Sandys, *universitatis orator publicus* prononça un discours où se trouve ce passage :

« *Pacis quoque in artibus insignis, suo in regno jura et leges in honore jussit. In commodum totius populi litterarum studia fovit; artium et scientiarum academiam constituit, quam, cum vicina universitate nostri imperii fœdere quodam consociatam, velut sororis nostræ filiam libenter salutamus. Juvet regem, de populo suo erudiendo tam præclare meritum, titulo academico hodie salutare.* »

En 1893 et 1894, il y a eu 21 réceptions et partant autant de discours latins prononcés.

S'il est un peuple pratique par excellence, c'est bien le peuple Yankee. N'ayant pas eu à lutter contre les erreurs de la routine, faisant fi des préjugés, il ne voit les choses que par le côté positif et réel. Si donc il accorde dans l'enseignement secondaire une place importante aux études latines, c'est qu'il reconnaît évidemment à ces études, comme gymnastique intellectuelle, une supériorité réelle. Or, aux Etats-Unis, non seulement l'enseignement du latin existe pour les jeunes gens, mais aussi pour les jeunes filles.

Une de mes clientes à Aix-les-Bains, Mme C.-E. White, de Philadelphie, ayant eu occasion de parler avec un prêtre à Aix, put converser avec lui en latin. L'étude du latin n'a pas empêché Mme C.-E. White de s'adonner à l'étude de la physiologie. C'est, forte de ses connaissances physiologiques, qu'elle a pu écrire un remarquable travail contre la vivisection. Travail dans lequel elle réfute magistralement les arguments présentés en faveur de la vivisection par le Dr Keen,

Une amie de Mme White, qui l'accompagnait lors de son dernier voyage en France, prenait grand plaisir à lire Virgile et affirmait que, sous ce rapport, elle était loin de constituer une exception rare dans son pays. Enfin, voici un fait qui, bien que de mince importance, n'en est pas moins significatif. A l'heure présente, c'est encore en latin que sont rédigés les diplômes que l'Université de Philadelphie délivre aux dentistes qui ont subi leurs examens.

En Belgique, en Hollande, en Suède, la langue latine a été fort en honneur et l'est encore.

Les élèves de l'Université catholique de Louvain étudient la philosophie en latin dans *Anthropologiæ philosophicæ elementa, cura Girardi Casimiri Ubaghs*.

La Hollande, qui a vu naître Erasme, le restaurateur des études latines au XVIe siècle, n'a jamais cessé depuis de les tenir en grand honneur. Leyde est peut-être la ville au monde où l'on a le plus imprimé d'ouvrages latins. C'est de ses imprimeries que sortait *Bibliotheca critica nova, edentibus Bake, Geel, Hamaker, Hofman Peerlkampp*.

Sous la signature Thoebeke, on lit dans cette revue une appréciation très judicieuse et très impartiale de l'histoire de la Révolution d'Angleterre, par Guizot. On y trouve une description fort intéressante de la célébration, en février 1825, de l'anniversaire de la fondation de l'Académie de Leyde.

Une fête semblable a eu lieu à Upsala, en Suède, à une date beaucoup plus rapprochée de nous, en septembre 1893. Un journal latin, *Alaudæ*, rend ainsi compte de cette solennité :

« Gamla Upsala. *Ascendimus Deorum colles. Circuit nos studiosorum turba, errans hac, illac, ubique, grandia cornua potoria nobis porgentium, miris caelaturis insignia. E quibus cornibus bibimus hydromell Divûm. (Aquam mulsam; meth.) Qui mos antiquissimus adhuc usque viget in hoc remoto Europae angulo, priscis tam pleno memoriis, fabulosis, augustis. Haurio potum Diis sacrum e cornu signis argenteis aspero, res gestas à Dîs, Deabus, heroibus antiquae Scandinaviae ostendentibus. Egregium sane opus hoc cornu, manu indigena effictum, donum oblatum nobis ab ipso rege.*

« *Habitis concionibus viaeque ferratae statione petita,* Upsalam novam *vehimur, parum distantem, sedem universitatis. Unâ, vel potius parumper ante nos, studiosi eo revertuntur. A quibus excipimur venientes prisca conclamatione :* Skal !

« *Descendit universitas ab anno 1249. Ad*

hunc usque diem studiosi se distribuunt in sodalicia, quae nationes *vocantur. (Qui mos olim, adjicio, ubique viguit, praesertim Bononiae et Patavii). Quarum unaquaeque sui juris est, plena fruens* autonomiæ *potestate instar reipublicae liberae.* Nationum *ipsae domus et habitationes inter se sejunctae sunt.*

« *Accedimus ad aedificium universitatis. Ingredimur atrium, conclavia, aulas; ingredientesque excipiunt professores, à mille fere circumdati studiosis. Invitamur ad gustatorium bene lauteque paratum. Estur, bibitur. Salutationes potoriae dantur, redduntur, variis prolatae linguis, Anglica, Francica, Germinica, Latina.*

« *In aula magna sub oculis nostris expositus inspicitur celeber codex manuscriptus.* Codex argenteus *vocari solitus, res pretiosa simul et tropaeum. Res pretiosa, cum evangelia contineat translata ab* Ulfila. Gotthorum episcopo, Gotthice. (*Mirum sane et unicum illius linguae monumentum). Vixit Ulfilas, ut et hoc addam, temporibus Constantii, Constantini M. filii). Tropaeum, cum ante is asservaretur* Pragae, *bello autem XXX annorum ejus potiti sint, urbe capta,* Sueci, *qui inde eum abstulere, utpote praedam bellicam.*

« *Die 7 Sept.* Stockholmiae *in aula regii*

11.

palatii Riddarhuset *rex Oscar conventum solemniter clausit, postquam pridie nonnulis nostrum largitus erat ordinum equestrium insignia, praeter alios doctissimo Persae Mohsin Khan. Assurexit rex de sella regia coramque hospitum suorum confessu concionem recitavit Latinam. Cui unus nostrum, item Latine, respondit.*

Un roi qui parle latin, cela est d'un fort bon exemple. Voilà une protestation contre les détracteurs de la latinité qui tombe de haut.

J'ai assisté à un banquet qui réunissait, dans la vieille abbaye de Talloires, sur les bords enchantés du lac d'Annecy, les membres des Sociétés médicales de la Savoie et de la Haute-Savoie. Le Dr Thonion, organisateur du banquet, inspiré sans doute par le lieu, eut l'idée de formuler en latin la carte du menu :

EPULÆ FORMULA :
Oblectamenta (melo, petaso fumigatus, sarda, etc.).
Pisces (cyprinus, tructa, lota).
Lumbi bovis modo Macedonico.
Lepus jurulentus.
Artocreas venationis.
Oleracea.
Assus venatus (turdus, coturnix, perdrix).
Acetaria.
Sambayo et copta Sabaudiæ.
Cancri fluviales.

EPIDIPNIS :
Casei fructusque varii, etc.

VINA SELECTA :

*Talluerium. — Marsalla. — Saint-Joannes de Porta.
Cornassium Eremitagium album.
Medocium. — Spumans campaniense.
Hic propinent oratores multa in paucis.*

Postrenum coffea (f. s. a.) et liquores in pyroscaphu haurientur.

Medici doctores Sabaudiarum, in abbatiæ Tallueriensis refectorio fraterne consociati, epulati sunt mensis septembris die XXII.

L'auteur de ce latin de cuisine, de cuisine exquise, avait fait ses études à Turin, cela explique pourquoi il était capable de pareilles prouesses ; s'il eût fait ses études en France, il eût sans doute été fort embarrassé pour traduire civet de lièvre suivant la formule d'Apicius. Fin gourmet et prédécesseur de Brillat-Savarin, Apicius écrivit le *de re Coquinaria*, ouvrage qu'on consultait alors comme on consulte aujourd'hui la cuisinière bourgeoise pour faire un salmis de bécasses, un civet, une marinade ou toute autre préparation culinaire suivant les règles de l'art.

C'est en latin que des chasseurs de la Styrie adressent au prince de Schwarzenberg un télégramme de félicitations à l'occasion de son mariage.

C'est également en latin que des compliments de bienvenue sont adressés à l'évêque Napotnick lorsqu'il vint prendre possession du siège épiscopal de Marburg (Styrie).

En octobre 1892, à l'occasion d'un meeting de professeurs et de philologues, tenu à Gorliz (Silésie), il y eut banquet et fête. C'est en latin qu'est donné le programme des distractions offertes et le menu du dîner.

SYMPHONIŒ FIDIUM TIBIARUMQUE

1. *Hospitum in Arcem Warsburg introitus.* — ..... — 3. *Saltationes vendobonenses.* — 4. *E dramate musico, inscripto : tubicen Sackingensis.* — 5. *Chorea Polonica.* — ..... — 8. *Carmina studiosorum Heidelbergensium.*

EPULŒ SOLEMNES. CIBORUM ORDO.

1. *Jus testudinum adulterinum.* — 2. *Lumbus bubulus illardatus in Westmorelandii modum.* — 3. *Sandra cum butyro liquato.* — 4. *Pisa virentia et dauci cum carne vitulina, vapore suo mollita.* — 5. *Anates et capones; poma condita, lactucæ.* — 6. *Bellaria glaciata in Suecorum modum.* — 7. *Butyrum cum caseo, etc.*

C'est dans la langue du *Latium,* qui fut pendant de longues années leur langue nationale, que les Hongrois délivrent encore le diplôme du baccalauréat. Voici la reproduction de celui délivré au fils d'un israélite que j'ai connu au Maroc :

Adalbertus Levy Budapestini anno 1873 die 4to mensis decembris natus, Israeliticam fidem professus, postquam studiorum, quæ in gymnasiis tractari solent, cursum peregit : classem 1 — VIII. Budapestini in gymnasio regio seminarii professorum tentamen quo se maturum studiis academicis probaret, publice subiit.

Legibus et institutis scholasticis semper rite obtemperavit. *in tentamine, cui eum legitime subiecimus, hos in singulis disciplinis progressus nobis probavit :*

in langua hungarica : eminentes.
id.   germanica :   id.
id.   latina :   id.
id.   græca :   id.
in historia :   eminentes.
in mathematicis :   id.
in physicis :   id.

in cœteris disciplinis gymnasii hos progressus testimoniis confirmavit :
in doctrina religionis.
in geographia.
in historia naturali.

in delineatione geometrica.

in elementis institutionis philosophicæ.

Itaque ea, quæ ad rite ineunda studia academica leges requirunt, eximio modo præstitisse videatur eum maturum indicavimus.

Cujus rei in fidem hancce ei tabulam sigillo gymnasii regii seminarii professorum munitam dedimus et nomina nostra ipsi subscripsimus. — Datum Budapestini anno 1890 die 4to mensis junii.

Antonius Bartal, præses et rector.
D^r. Joannes Gengeri, prof. ling. hung. latinæ. græcæ.
Georgius Vólf, prof. ling. germ.
Dr Henricus Marczali, prof. hist.
Dr Aloysius Wagner, prof. math. et phys.
Dr Maurus Korman, prof. philosophiæ.
Viri collegii maturitati explorandæ.

In fidem translati:
Anton. Bartal,
Director.

Dans une lettre adressée d'Australie au journal latin *Alaudæ*, le 15 octobre 1893, on lit : « *Hic Virgilius, Horatius, Cicero, T. Livius et ille qui post hominum memoriam floruit clarissimus, Divus Julius, hic et ubique in scholis novæ Zealandiæ scriptores latini leguntur.*

Apud XX fere scholas (cum pueris 1340, puellis 860), calent adhuc litteræ latinæ. — Puellæ igitur etiam apud antipodes iis student. »

Vous avez bien lu ? Sur 2,200 élèves qui, en Nouvelle-Zélande, suivent les cours du latin, on compte 860 jeunes filles.

En voyant où en sont les études latines en Angleterre, en Allemagne, en Austro-Hongrie, en Amérique, en Italie et jusqu'en Nouvelle-Zélande, le rêve du Dr H. Sieveking, de faire du latin le volapuck des lettrés, ne paraît pas irréalisable.

MEA CULPA

C'est la faute de l'Université

On n'enseigne pas le grec d'une façon plus pratique que le latin. Le professeur dissertera sur l'accentuation, l'esprit doux, l'esprit rude, l'iota souscrit; sur les nuances qui différencient les dialectes attique, béotien, ionien, dorien, mais ne songera nullement à faire de son élève un helléniste.

J'ai souvenance qu'étant étudiant en médecine, je fis, au cours d'Orfila, la rencontre d'un jeune Hellène qui tenait à la main un journal grec, Αἱ Μέλισσαι. J'essayai d'en lire quelques lignes. Je devais demander la signification de beaucoup de mots faisant partie du langage ordinaire et que je rencontrais pour la première fois. Quant à pouvoir comprendre les quelques mots que m'adressa mon jeune Grec, impossible. Pourtant, je sortais du collège de Rennes, et je venais d'être reçu bachelier ès lettres quelques mois auparavant. Dès ce jour, je compris que l'Université négligeait absolument le côté pratique des études, pour ne s'occuper que du côté grammatical et littéraire. Belle avance, pensai-je, d'avoir pioché Burnouf, cultivé les racines grecques, appris par cœur des chants d'Homère, traduit des tragédies de Sophocle, d'Euripide; d'avoir pu traduire presqu'à livre ouvert Saint-Grégoire de Naziance, si, après cela, je ne puis déchiffrer vingt lignes d'un journal grec; si, après cela, il me faut un interprète pour visiter Athènes, Salonique ou la Canée.

Depuis, j'ai rencontré des Turcs, des Arméniens, des Bulgares, des Roumains qui ont étudié le grec bien moins longtemps que je l'ai étudié et qui le parlent comme leur propre langue. Qu'on adopte leur procédé d'enseignement hellénique, et nos élèves seront en grec aussi forts que des Turcs.

Après avoir assisté au congrès médical de Florence, où il m'avait été impossible de parler latin, les tristes réflexions que j'avais déjà faites sur la méthode si peu pratique suivie par l'Université de France pour l'enseignement des langues anciennes me revinrent à l'esprit.

C'est bien la peine, pensai-je, de passer huit ans à user ses fonds de culotte sur les bancs universitaires, si, après cela, on n'est pas à même de converser en latin avec des confrères qui, l'ayant appris d'une manière pratique et rapide, le parlent *ore vernaculo*.

C'est bien la peine d'avoir fait thèmes et versions, discours et vers latins, d'avoir appris par cœur des discours de Cicéron, des odes d'Horace, des chants de Virgile, si, après cela, on ne peut écrire dix lignes de latin sur une carte postale.

S'il en est ainsi, c'est la faute de l'Université qui nous donnait non des professeurs de latin parlant la langue qu'ils enseignent, mais des professeurs de syntaxe. Éplucheur de mots, de textes, le professeur universitaire ergotera sur la signification d'*amite levi,* dans Horace ; se demandera s'il faut le traduire canne légère ou bambou lisse. Il apprendra comment on construit un syllogisme en *barbara*, en *Cesare*, en *baralipton ;* dissertera sur la litote, la catachrèse, la syncope, l'antiptase, curiosités propres à faire des érudits lourds et pédants ; mais il oubliera de faire de l'élève un latinisant.

Il y a tout lieu de croire que c'est dans nos collèges qu'on a commencé à perdre l'habitude de parler le latin comme langue courante. Il y eut bien sans doute quelques récalcitrants, mais ils durent céder. Jules Simon nous apprend dans un article charmant intitulé *le Collège de Vannes en 1830*, publié dans la *Revue illustrée de Bretagne et d'Anjou*, qu'on ne se contentait pas de faire traduire le latin aux élèves, mais qu'on les obligeait à le parler ; c'était la langue courante dans la classe de philosophie. « Le principal du collège n'en employait pas d'autre dans ses communications officielles avec les élèves. Il ne disait pas : il y aura congé ce soir, mais : *vacabunt scholæ serotinis horis totis.* » A Poitiers et à Chambéry, il en était de même.

Cette bonne habitude s'est perdue peu à peu ; la raison que donne l'Université pour ne pas apprendre à parler les langues anciennes est vraiment mirifique. M. Duruy, ministre de l'instruction publique, l'a exposée un jour à une distribution des prix à la Sorbonne : « Le but de l'Université n'est pas, comme certains affectent de le croire, d'apprendre à parler latin ou grec, mais d'apprendre à penser et à écrire, en un mot, de faire des hommes. »

Phraséologie sonore et grandiloquente qui ne prouve rien, si ce n'est l'absence de bonnes raisons. Penserait-on et écrirait-on moins bien ; serait-on moins complètement homme si, tout en étudiant le grec et le latin, on eût appris à parler ces langues ; les élèves qui, dans les Universités de Cambridge et d'Oxford, s'exercent à parler latin entre eux en deviennent-ils moins hommes ?

Les Hongrois étaient-ils moins hommes quand ils parlaient latin qu'ils ne le sont depuis qu'ils parlent madgyar ?

C'est la faute de l'Université si, en 1869, au congrès médical de Florence, où le latin avait été adopté comme langue officielle du congrès, les médecins français se sont trouvés en si mauvaise posture. C'est la faute de l'Université si nos lycéens, rencontrant un latinisant à l'étranger, ne peuvent communiquer avec lui en une langue qu'ils ont étudiée pendant sept ou huit ans ! J'en ai pu faire l'expérience : me rendant de Vienne à Budapest, je me rencontre en chemin de fer avec un élégant capitaine hongrois, qui parlait fort bien le grec et l'allemand, mais fort peu le français. Pensant que je le comprendrais mieux en latin, il m'adressa la parole en cette langue. Voyant la difficulté que j'avais à m'exprimer en latin, il me dit : « Pour devenir médecin, tu as dû étudier le latin ? — Sans doute, et pendant huit longues années. — Et tu ne sais pas le parler ? — Non, et mes condisciples pas plus que moi. — Comment étudiez-vous donc le latin en France ? — Cette réflexion si naturelle de mon capitaine hongrois m'est restée dans l'esprit et elle n'a pas été étrangère à la publication de ces quelques pages.

L'élève serait certes plus encouragé à étudier les langues anciennes si, à côté du but idéal qu'on lui propose dans un lointain obscur où il ne l'entrevoit guère, il en apercevait un pratique et immédiat : la possibilité de se servir de la langue qu'il étudie comme d'un volapük.

Pour atteindre ce but, il faudrait avant tout s'entendre sur la prononciation des langues anciennes. Il y a eu des congrès de volapukistes; je ne sache pas que les latinistes se soient jamais réunis en congrès pour s'entendre sur la prononciation latine et metre à profit les renseignements que Quintilien donne à ce sujet.

Comment un Français reconnaîtra-t-il ces mots : *Antiqua civitas Romuli et Remi*, quand ils deviennent dans la bouche d'un Anglais : *Untaïkoué tchaivaittesse Rimioulaï et Rimaï ?* Comment reconnaître *Veni, vidi, vici*, transformé en *Vinaï, vaidaï, vitchaï ?*

Comment reconnaître ce vers virgilien :

Tityre, tu patulæ recubans sub tegmine fagi.

transformé comme suit par la prononciation anglaise :

Tailletaïri tiou petchoula é rik-kioubenss seub teg-
[*maini faidji.*

et, comme suit, par la prononciation germaine :

Didire du badulœ regoupans soupe degmini Vâchi?

Si cette prononciation nous paraît bizarre, la nôtre ne l'est pas moins à l'oreille des Italiens.

Quintilien nous fournit quelques renseignements sur la prononciation latine. D'après lui, le Romain glissait sur l'*m*.

Il disait *die' hanc* au lieu de *diem hanc*. « *Etiam si scribitur, tamen parum exprimitur* », dit-il en parlant de la lettre M.

Tout comme les Espagnols aujourd'hui, les Ibères mettaient le *b* à la place du *v*, et réciproquement. C'est ce qui faisait dire d'eux « *felices gentes quibus vivere est bibere!* »

Les Romains mettaient aussi le B à la place du V, ainsi que le prouvent leurs inscriptions lapidaires où l'on lit souvent BT *Bixit* pour VT *vixit*.

A une époque, il fut de mode de remplacer le *v* par le digamma cher à l'empereur Claude.

On disait *terminaﬁt* au lieu de *terminavit*.

Les anciens confondaient souvent l'*e* et l'*i* dans l'écriture et probablement dans la conversation. Quintilien remarque que, de son temps, on disait *quase* et *sibe* au lieu de *quasi* et *sibi;* de là vient sans doute que ces lettres s'emploient encore indifféremment l'une pour l'autre dans certains cas. Ainsi on dit *pelvim* ou *pelvem*, *nave* ou *navi*. De là vient aussi que, comme dans la diphtongue *ei* l'*e* était faible et qu'on entendait guère que l'*i*, on a fini par supprimer l'*e;* et l'on a dit *omnis* au lieu de *omneis*. Erasme a conservé l'orthographe antique.

Si, au contraire, on retranchait de la diphtongue *ei* l'*i* pour ne faire sonner que l'*e*, on passait pour fréquenter les paysans qui disaient *veilam* ou *vellam* au lieu de *villam*.

Ce qui importe le plus, c'est de savoir le son à donner aux lettres J, U, Z et C. Nous sommes les seuls à donner au J le son du G adouci. Les Italiens l'appellent I long et le prononcent en conséquence.

Quant à la voyelle U, ailleurs qu'en France, on la prononce généralement *ou*.

En Italie, en Espagne et partout, excepté dans les dialectes milanais et piémontais, *u* sonne *ou*.

Ce qui autorise à croire que c'est le son que lui donnaient les latins, c'est que, en appelant le coucou *cucullus*, ils ont sans doute voulu faire, comme nous l'avons fait, une onoma-

...pée. Or, avec notre prononciation de l'*u*, *cucullus* n'imite plus le chant de l'oiseau qu'il désigne.

M. Garraud croit trouver, dans les traces laissées par la prononciation latine, dans les patois méridionaux, la preuve que les latins prononçaient *u* et *ou*, *u* quand cette voyelle était longue *(Jejûnitas)*; *ou* quand elle était brève *(conticuere)*.

Cette manière de voir déconcerte le Français qui, ayant appris dans sa prosodie que les diphtongues sont longues, accepte difficilement qu'on puisse prononcer *u* à l'italienne, c'est-à-dire comme notre diphtongue *ou*, sans en faire une longue.

Nous prononçons le *dzta* comme l'*s* entre deux voyelles, les Italiens font entendre le son du *d* avant le *dzeta*. Nous disons *mezentius*, ils disent *medzentius*.

Comment doit-on prononcer *C* ? Comment prononcer le nom de l'orateur Romain ? doit-on dire *Kikero* comme on propose de le faire dans les universités d'Oxford et de Cambridge ? Doit-on dire *tchictchero* comme les Italiens, ou *Sicero* comme nous le disons ? On sait que ce fut cette prononciation du *c*, dans *ciceri* qui, lors des vêpres siciliennes, servit à reconnaître les Français. *César* devrait se prononcer *Tche-*

zar, suivant les Italiens; *Kaisar* suivant les Allemands qui en ont fait *Kaiser*.

Nous ne prononçons pas l'*h* dans *nihil*, ailleurs on dit *nikil*. Qui est dans le vrai ?

Grammatici certant et adhuc sub judice lis est.

Quelle est la meilleure prononciation latine ?

Pour trancher cette question, je me bornerai à faire cette simple observation :

Quand la transition s'est opérée avec Dante, Pétrarque et autres du latin à la nouvelle langue parlée en Provence et en Italie, les voyelles et les consonnes ont dû conserver dans ce nouvel idiome les sons qu'elles avaient dans l'ancien.

Il y a donc lieu de croire que ce sont les Italiens qui prononcent le latin tel qu'il doit être prononcé, accentuant avec le plus grand soin et même d'une manière qui, tout d'abord, nous paraît un peu emphatique, les brèves et les longues. Ce qui est positif, c'est qu'avec cette prononciation, la poésie latine acquiert une grâce, une harmonie qui vous charment. Pour qui a entendu les Italiens réciter les vers latins, toute autre façon de les réciter paraîtra barbare. Pour nous, Français, quand nous lisons le vers latin, la distinction entre brèves et longues n'existe guère; pourtant c'est chose indispensable si l'on veut que le vers soit harmonieux. Si nos vers français, qui n'exigent pas si impérieusement que les vers latins d'être scandés, sont défigurés par l'étranger qui n'a pas l'habitude de notre prononciation, combien cela doit-il être plus sensible avec le vers latin !

Nos élèves faisaient autrefois trop de vers latins; ils n'en font plus du tout, ce n'est pas assez. La lecture du latin n'y gagnera pas. — C'est l'habitude qu'avait le Romain de scander en lisant, qui lui donnait cette merveilleuse délicatesse d'oreille qu'il a transmise à ses descendants et qui leur fait percevoir les plus légères nuances musicales.

Cicéron nous apprend qu'au théâtre l'acteur qui eût fait longue une voyelle brève ou réciproquement, eût provoqué dans l'auditoire les murmures les plus violents.

La prononciation du latin par les Italiens étant la plus musicale, c'est celle qui devrait être adoptée en France et dans les autres pays.

Il ne serait pas moins nécessaire de savoir à quoi s'en tenir sur la prononciation du grec. Etant à Baden-Baden, je fis connaissance avec le pope qui desservait la chapelle Russe. Voulant me rendre compte de la différence qui existait entre sa manière de prononcer le grec et la mienne, je lui lus un passage de l'Evangile. Il avait peine à me comprendre. Il lut à son tour ce même passage. Je ne comprenais pas un mot. Il prononçait le θ comme le *th* anglais nous le prononçons comme le *t;* prononciation vicieuse; les grecs n'eussent pas eu deux lettres pour rendre le même son.

Le pope prononçait Καὶ comme quaï, on nous faisait prononcer caïlle, nous faisant séparer, comme on les sépare dans maïs, deux lettres qui doivent former une diphtongue comme dans j'ai, mais, aimais. — On nous a appris à prononcer βουλομαι bouloumaïlle; le pope prononçait vouloumè. A mon grand étonnement, il prononçait γυνη guini. Les grecs n'ont jamais dû donner à l'η le son de l'*i*. L'onomatopée nous renseigne à cet égard. Un auteur parlant du bêlement des moutons dit qu'ils font βη. L'η dans ce cas a bien le son de l'è et non de l'*i*. C'est bien bè et non bi que fait entendre le mouton bêlant.

D'après un Hellène qui habite Marseille, c'est chez les populations des montagnes de la Grèce, chez celles-là surtout qui ont vécu plus isolées qu'on retrouve la langue homérique et la vraie prononciation grecque. Chez les populations du littoral grec, constamment en rapport avec des matelots vénitiens et autres, la langue s'est corrompue par la substitution de mots étrangers aux mots grecs et la prononciation s'est altérée.

En 1676, environ 1200 montagnards grecs du Taygete émigraient en Corse pour échapper à la tyrannie ottomane. Les génois, alors maîtres de l'île, prirent ces émigrés sous leur protection et leur donnèrent des terres au nord de Sagone, à Cargese. Pendant longtemps ces émigrés ne parlaient entr'eux que le grec Homérique le plus pur. Lorsque la Corse fut cédée à la France en 1769, personne, ni gouverneur, ni préfet, ni recteur de l'académie, ni député ne songea à utiliser la petite colonie de Cargese au profit de l'enseignement du grec dans nos universités. Cargese était pourtant bien désigné pour devenir un centre d'hellénisme ; pour l'établissement d'un gymnase grec. Il était facile de former là une pépinière de professeurs de grec qui eussent substitué la vraie prononciation grecque à celle défectueuse qu'Erasme réussit à faire prévaloir.

Il n'est pas donné à tous d'aller à Corinthe ; mais si l'université eut été mieux inspirée il eut été facile à nos hellenophiles de se rendre à Cargese, de faire un tour en Grèce en quelque sorte, sans quitter la France.

[1] *Une visite à Cargese, colonie grecque, dans le voisinage d'Ajaccio*, par le Dr Macé, 1893.

Aujourd'hui, grâce à la méthode universitaire en usage depuis trop longtemps, le latin ne sert plus guère qu'à dire la messe, à réciter des *oremus*, et à former quelques néologismes. Les vieux universitaires gémissent en voyant le dédain qu'on affiche aujourd'hui pour les langues anciennes qui ont servi à former la nôtre; pour ces langues, qui nous ont permis d'aller étudier la sagesse à l'école de l'antiquité. Ils nous prédisent que si nous nous engageons trop exclusivement dans la voie utilitaire, où nous sommes entrés, nous aboutirons à ce que l'un d'eux appelait « une barbarie érudite ».

L'université qui déplore cette tendance doit faire son *meâ culpâ* et s'en prendre à elle-même de cet état de choses, car c'est elle, c'est bien elle qui nous y a amenés.

Il y a longtemps qu'on ne cesse de lui dire sur tous les tons qu'entendre et répéter est le moyen simple et naturel à l'aide duquel l'enfant apprend rapidement et sans effort la langue maternelle; que les autres langues anciennes ou modernes doivent aussi s'apprendre par l'usage comme la langue maternelle.

En dépit de tous les avertissements, l'université s'en est tenue à sa vieille méthode si maussade et si ennuyeuse. Elle a continué à forcer l'enfant à déchiffrer des hiéroglyphes, à deviner des rebus, à l'aide d'un dictionnaire gros comme lui et d'une grammaire qui n'est qu'un fouillis inextricable de difficultés. Elle s'est refusée à admettre que le professeur doit être un dictionnaire parlant, une grammaire vivante.

On demandait à l'université un changement de méthode; elle s'est bornée à des changements de programmes. On lui demandait pour les enfants des professeurs de latin, elle n'a voulu leur donner que des professeurs de grammaire et de syntaxe latine. On lui demandait de faire des latinisants en 4 ou 5 ans, elle s'est contentée de faire des lexicographes et des métriciens, des éplucheurs de texte qui après 7 ou 8 ans d'étude ne peuvent dire deux mots de latin. L'université a refusé la réforme si juste qu'on lui demandait, elle subit les conséquences de son entêtement; on lui impose une révolution, une désorganisation de son système pédagogique.

L'université dirigée par un Conseil trop exclusivement universitaire n'a pas entendu les réclamations qui lui venaient du dehors. Si elle les eut écoutées, Frary n'eut jamais songé à écrire sa diatribe, et Shleyer n'eut jamais songé à proposer son barbare Volapük. En supprimant dans les écoles l'usage de parler le latin, l'université l'a tué; moyen infaillible d'en faire une langue morte, bonne à reléguer, avec le cophte et le sanscrit, parmi les curiosités historiques. Si on recherche à qui incombe la responsabilité d'une mesure qui devait avoir des conséquences si fâcheuses pour les humanités, on découvre, non sans étonnement, que cette responsabilité remonte en grande partie à Rollin, principal du collège de Beauvais, qui pourtant a si bien mérité de l'enseignement qu'on a donné son nom à un de nos collèges de Paris. C'est lui qui remit en honneur l'étude du grec et débarrassa l'ancienne rhétorique de tout ce fatras de règles oratoires qui en faisaient une science vaine. Rollin a beaucoup contribué sans s'en douter à faire tomber le latin en désuétude. Il lui porta un coup mortel par les précautions excessives qu'il prit pour lui garder sa pureté et sa correction.

Il craignait que les enfants « en parlant latin entre eux et dans les classes ne puissent s'exprimer d'une manière pure, exacte, élégante. » « Combien, dit-il, leur échappera-t-il de barbarismes, de solécismes? Est-ce là un bon moyen de leur apprendre la pureté et l'élégance du latin; et ce *langage bas et rampant du discours familier ne passera-t-il pas nécessairement dans leurs compositions?* »

Préoccupation de pédagogue visant surtout à faire des forts en thèmes et en versions. Rollin prend trop à la lettre ce mot d'un grammairien pédant : « *qui latine garriunt latinitatem corrumpunt.* » Il craint qu'en faisant balbutier le latin à l'enfant, on ne l'altère, comme si Cicéron n'avait pas lui-même balbutié cette langue. Rollin se montra aussi farouche puriste qu'avait pu l'être, au XVIᵉ siècle, le cardinal Bembo qui s'abstenait de lire son bréviaire dans la crainte de gâter son latin Cicéronien par lequel il s'était fait remarquer à la cour de Léon X.

Erasme, qui contribua tant à cette époque à la restauration des lettres latines, raille spirituellement ces Cicéroniens qui ne veulent connaître d'autres auteurs que ceux du siècle d'Auguste. Il leur reproche de décourager les jeunes latinistes par leurs exigences exagérées.

De même que Jean Hiroux sur l'échafaud n'est préoccupé que de savoir si le panier où va rouler sa tête contient bien réellement du son, si on ne lui a pas substitué de la vulgaire sciure de bois qui pourrait lui faire venir des boutons sur la figure. De même Rollin n'est préoccupé que de sauvegarder l'élégance et la pureté du latin, à l'heure même où c'est l'existence de celui-ci qui est en jeu. Il n'a pas su prévoir, et ses successeurs n'ont pas prévu davantage qu'un jour les utilitaires viendraient dire : puisque le latin ne sert plus de moyen de communication entre savants et lettrés des divers pays, à quoi bon perdre tant de temps à l'apprendre ?

L'étranger qui veut apprendre le français ne se bornera pas à lire les auteurs du siècle de Louis XIV, il lira même de préférence des ouvrages plus récents qui lui permettront de se familiariser avec des locutions qui n'avaient pas cours autrefois. Qui veut apprendre le latin ne devra pas non plus se borner à ne lire que les auteurs du siècle d'Auguste, et il ne repoussera pas avec dédain le latin de la décadence. Le latin de l'église n'est pas si éloigné de celui de César que ne l'est le sabir du français. Ne trouverait-on pas ridicule le puriste qui voudrait s'opposer à l'expansion du sabir, cette ébauche du français, dans la crainte qu'il ne gêne ensuite les Arabes et les nègres Algériens pour l'acquisition de la langue de Voltaire. Le temps et l'habitude rectifieront peu à peu le langage de l'Arabe algérien. Il finira par comprendre qu'il est plus correct de dire *je sais* que de dire *moi sabir*, que *beaucoup* est plus français que *besef*; *nullement* plus français que *macache*, qu'on dit *cela se vaut* et non pas *kadalik* ou *kif-kif*; qu'il est plus séant de dire : *il est mort,* que de dire *il a fait coute.*

De même l'enfant qui parlera incorrectement le latin au début s'exprimera plus correctement à mesure qu'il cultivera davantage cette langue et qu'il en fera un plus fréquent usage. C'est à force de parler latin qu'il apprendra à écarter de son langage et de ses compositions barbarismes et solécismes, terreur de Rollin.

Le bon Rollin dit ailleurs : « Si on oblige les enfants à parler toujours latin, que deviendra la langue du pays ? Est-il juste de la négliger pour en apprendre une étrangère. » Voilà une raison patriotique à laquelle on ne s'attend guère ; pour la mettre en avant il faut être bien à court d'arguments. L'auteur du traité des études craint encore que « la coutume de parler latin ne mette l'esprit de l'élève dans une gêne qui l'empêche de s'exprimer librement. » Les faits se chargent de répondre.

En 1848, les jeunes Hongrois ne parlaient que latin dans leurs lycées ; cela ne les empêchait pas de s'exprimer librement sur tous les sujets. Toutes les sciences, l'arithmétique, la physique, la chimie, la géométrie, l'algèbre, leur étaient enseignées en latin. Ils étudiaient l'histoire dans

Historia universalis gentium.

*Statistica, geographica, politica, critica
quam
in usum auditorum
concinnavit
Paulus Nagi
Bibliothecæ Academiæ custos.*

Cet ouvrage est divisé en trois volumes; le tome III contient :

Historiam Hispanorum, Portugallorum, Gallorum seu Francorum, Britannorum seu Anglorum, Danorum, Suecorum, Helvetiorum, Belgarum, Borussorum, Polonorum, Russorum, Turcorum et Hungarorum, aliorumque gentium cum his nexum habentium; inde ab earum origine usque ad nostram œtatem.

1835.

Les députés au parlement hongrois s'exprimaient alors aussi librement en latin que s'expriment aujourd'hui leurs successeurs en magyar.

Pour éloigner l'idée de parler une autre langue que la nôtre, Rollin cite les Romains « qui, dit-il, auraient cru avilir la dignité de l'empire s'ils avaient parlé en public une autre langue que la leur »; et dans la même page il se contredit et reconnaît que Cicéron, au dire de Suetone, s'exerça à parler grec jusqu'à sa préture. « *Cicero ad præturam usque Græce declamavit.* »

Non seulement Cicéron, Horace et autres parlaient la langue grecque pour ne pas l'oublier ; mais aussi les mondaines, au dire de Juvénal, trouvaient qu'il était de bon ton de se servir de cette langue :

« .... *non se putat ulla Formosam, nisi quæ de Tusca Græcula facta est.*»
.... *Omnia græcè, Hoc sermone pavent; Hoc iram, gaudia, curas, Hoc cuncta effundunt animi secreta.* »

Rollin paraît oublier aussi que sous les empereurs Hadrien et Marc-Aurèle, le grec était la langue de la cour.

Après avoir donné toutes sortes de raisons pour empêcher de parler latin, Rollin finit pourtant par convenir que l'habitude de le parler faciliterait l'intelligence de cette langue et aiderait l'élève dans ses compositions « en lui fournissant des expressions avec plus grande et plus riche abondance. » Il convient aussi que la possibilité de parler latin est d'un grand secours et quelquefois d'une absolue nécessité pour qui voyage en pays étranger.

Mais tout en reconnaissant les avantages qu'il y aurait à parler latin, il prend ses dispositions pour qu'on ne le parle pas. Pour ce, il ne pouvait mieux faire que d'interdire aux élèves la lecture des comiques latins. C'est ce qu'il fit.

D'après Gaullier, professeur au collège Du Plessis, ce fut Rollin qui fit mettre à l'Index Plaute et Térence. Pour faire adopter cette mesure, il met en avant saint Augustin qui, dans ses confessions, dit en parlant des comédies de Térence, son compatriote : « Je n'en condamne pas les mots, ce sont des vases choisis et précieux ; mais je condamne le vin de l'erreur que des maîtres enivrés nous présentaient dans ces vases. » « *Non accuso verba quasi vasa electa atque pretiosa, sed vinum erroris quod in eis nobis propinabatur ab ebriis doctoribus* ».

Saint Augustin est bien sévère pour Térence qui lui avait rendu l'étude du latin si attrayante. Il se reprochait le plaisir que lui avait causé cet auteur. « *Libenter hæc didici et delectabar miser !* »

Remarquons que Rollin qui s'en rapporte à saint Augustin, en ce qui concerne Térence, ne tient nullement compte de son opinion en ce qui concerne les autres poètes païens. Or l'évêque d'Hippone les répudie ; il condamne leurs fictions ; on est plus savant, dit-il, en les ignorant. « *Hæc doctius nescirentur.* »

Rollin se défend d'avoir interdit la lecture des comédies de Térence, il les conseille même; mais seulement quand les mœurs seront en sûreté. Il s'appuie sur cette phrase de Quintilien : « *Cum mores in tuto fuerint inter præcipua legenda erit (comedia).* » Mais il oublie d'indiquer l'heure où les mœurs de nos lycéens sont en sûreté. C'est une façon d'interdire Térence tout en évitant d'endosser franchement la responsabilité de cette interdiction. Faudrait-il lire Térence de neuf à douze ans, avant que les sens soient éveillés? Erasme, bien qu'élevé par des prêtres, avait déjà à l'âge de douze ans lu et relu Térence. Il prétend que ceux qui en interdisent la lecture ne le connaissent pas « *Terentium quosdam audio contemnere, et vetare ne pueris prælegatur; sed eos qui nunquam assecuti sunt Terentium.* »

Vossius recommande aux élèves de lire Térence jour et nuit.

Bossuet ne pensait pas que la lecture du comique latin pût être dangereuse pour son royal élève. Loin de là, il affirme que celui-ci trouvait dans cette lecture un divertissement agréable et utile; qu'elle le mettait en garde contre les trompeuses amorces de la volupté et des femmes, et contre les aveugles emportements de la jeunesse, « *quid memorem ut Terentio suaviter atque utiliter luserit. Quanta se hic rerum humanarum exempla præbuerint intuenti fallaces voluptatum ac muliercularum illecebras, adolescentulorum impotentes ac cæcos impetus.* »

Le célèbre professeur italien de Rusca est persuadé que Térence est l'auteur le plus apte à initier l'élève au latin familier. En 1818, il écrivait à un de ses ex-élèves :

« Tu me demandes quel est le premier auteur à mettre aux mains du débutant dans la latinité. Les uns préconisent celui-ci, les autres celui-là. **Quant à moi, persuadé que quelle que soit la langue à apprendre, on doit en commencer l'étude en s'initiant au langage familier,** je ne vois en ce qui concerne le latin aucun auteur qui puisse mieux vous y initier que Térence. Les langues sont faites pour exprimer nos pensées, nos sentiments et les continuelles impressions qui frappent nos yeux et nos oreilles, d'où il suit que l'homme doué par la nature du don de la parole est poussé à acquérir tout d'abord les mots et les expressions qui traduisent ce qu'il sent, voit et entend. »

« *Rogas quis auctor primos tyroni linguæ latinæ ad illam aditus facere debeat. Alios alii malunt, Ego vero, quum quæque lingua susci-*

platur comparanda, a vulgari sermone incipiendum, tum in ea de quâ agitur, *neminem magis Terentio proprium existimo. Ed enim linguæ natæ sunt, ut intimi sensus affectusque animi, res atque actiones oculis auribusque subjectæ exprimantur. Hinc homo cui loqui naturâ datum est eâ etiam impellitur ut voces dictionesque, illorum quæ signa sunt statim curet ediscendas.* »

On peut se demander si, en condamnant Térence à l'oubli, Rollin ne voulait pas écarter l'idée de retourner au latin familier et confiner l'élève dans le latin purement littéraire. Ce qui autorise à faire cette conjecture, c'est que Rollin ne songe nullement à proposer des éditions corrigées des comiques, éditions qui étaient en usage à Port-Royal et ailleurs. Il ne songe pas davantage à recourir au *Terentius Christianus* dû à la plume de Shœnœus, principal du collège de Harlem. Lui aussi trouve que Térence « dans les mots brave l'honnêteté » mais reconnaissant d'autre part que nul mieux que lui ne peut initier au latin quotidien, il cherche une combinaison qui permette à l'élève de se familiariser, sans courir aucun risque, avec les meilleures expressions usuelles du comique. C'est pour atteindre ce but qu'il écrivit son *Terentius Christianus*. Après s'être assimilé le mieux possible le style de Térence, Shonœus composa quelques comédies sur des sujets tirés de l'Ecriture sainte. Son Naaman, son Tobœus laisseront à désirer comme échafaudage et observation des règles théâtrales, mais le but de l'auteur est atteint : mettre à la disposition de l'élève les meilleures expressions familières pour qu'il puisse parler latin. Voilà ce dont Rollin ne paraît guère s'être préoccupé.

La Sorbonne fut aussi mal inspirée en rejetant de l'école les *colloquia Erasmi*, que le fut Rollin en faisant mettre à l'Index les comiques latins. Bannir ces auteurs de l'école, c'était renoncer plus ou moins franchement à l'idée de faire revivre le latin comme langue parlée. Ces auteurs, en effet, sont les plus propres à initier à une latinité qui, tout en étant usuelle et familière, n'en est pas moins correcte et souvent élégante. Les comiques sont rentrés en faveur, mais non Erasme.

Perpétuellement en contradiction avec eux-mêmes, les universitaires n'ont cessé de faire l'éloge le plus pompeux des langues greco-latines, et de faire d'autre part tout ce qu'il fallait pour les reléguer parmi les vieilleries scholastiques. L'annihilation du grec et du latin a commencé le jour où l'on a évincé de l'école Erasme et les comiques et où l'on a renoncé à parler latin dans les collèges. Cette annihilation est perpétrée par les ministres de l'instruction publique qui se succèdent. Pas un seul n'a songé à faire enseigner le latin de telle sorte qu'on puisse en tirer profit en en faisant le volapük des savants et des lettres.

Dans ces derniers temps, on a tenté de faire en sorte que l'enseignement secondaire restât libéral et formel tout en devenant scientifique, pratique et d'une utilité immédiate. Pour atteindre ce but, on a cherché et on cherche encore à juxtaposer les deux enseignements. Quand Jules Simon devint ministre de l'instruction publique, il constata, non sans raison, que les sciences étaient trop négligées. Il crut devoir leur faire une place plus large dans les programmes. Mais alors l'enseignement grecolatin s'est trouvé réduit à un tel minimum qu'on en est arrivé à dire : puisque l'enseignement classique a une part si congrue, autant le supprimer. Les partisans de Cicéron et de Virgile ont protesté, et il a fallu reprendre sur la part des sciences pour grossir un peu celle des lettres. La juxtaposition des deux enseignements est impossible puisqu'elle conduit fatalement à sacrifier les lettres aux sciences ou réciproquement. Il faut donc chercher ailleurs la solution du problème. Au lieu de s'obstiner vainement à juxtaposer l'enseignement des sciences et celui des langues anciennes, pourquoi ne pas combiner, fusionner, ces deux enseignements ? Pourquoi ne pas les *lier* l'un à l'autre comme cela se pratiquait il n'y a pas si longtemps au collège de Budapesth ? Que les langues anciennes utilisées comme langues didactiques servent à enseigner les sciences, que les cours de sciences servent à multiplier les occasions d'apprendre les langues anciennes ; que le latin serve à l'enseignement de la physiologie, de l'histoire naturelle, de la botanique, etc., et par cette liaison on économise un temps précieux qui pourrait être employé à l'acquisition de connaissances utiles.

Voilà le moyen, sans nuire aux sciences, de nous maintenir en rapport avec la tradition du génie greco-latin où nos pères ont puisé ces qualités charmantes de l'esprit qui ont été l'honneur de notre race.

Voilà le moyen, sans sacrifier les langues antiques, de cultiver plus largement la science, cette émancipatrice de l'esprit humain à qui nous devons tant de découvertes merveilleuses, de progrès accomplis.

Si on refuse de comprendre que les langues anciennes doivent, comme les modernes, s'apprendre par l'usage ; que le latin familier, usuel, doit être l'auxiliaire du latin classique et littéraire, que celui-là doit précéder celui-ci, comme la prose précède la poésie; si on ne comprend pas qu'en *liant* l'enseignement des langues à celui des sciences on augmente le temps consacré aujourd'hui à l'un et à l'autre; si on persiste dans la vieille méthode routinière qui nous réussit si mal, c'en est fait chez nous des humanités, c'en [est fait de l'hellénisme, c'en est fait de notre commerce intellectuel avec Athènes et Rome; c'en est fait de la latinité. On peut réciter son oraison funèbre : « madame se meurt... madame est morte! » et ajouter : ... tuée par l'université de France !

TABLE DES MATIÈRES

	Pages
Francisco Sarcey	1
Humanistes et utilitaires	11
Le latin au point de vue esthétique et éducatif.	23
Utilité du latin comme préparation aux sciences	41
L'enseignement classique au point de vue utilitaire...	49
Le latin au point de vue commercial	61
Etymologies greco-latines. — Le latin facilite l'étude des langues romanes................	73
Renseignements inattendus fournis par les livres latins du moyen âge et de la renaissance. — Latinistes contemporains. — Epigraphie..	83
Le latin sert à la diffusion du français........	109
Le Volapük : l'universalité du français en 1783.	125
Quelle sera la langue des congrès ?............	133
Le latin dans les congrès....................	165
Extra fines : le latin à l'étranger	177
Mea culpa : c'est la faute de l'Université	197

IMPRIMERIE COOPÉRATIVE D'AIX-LES-BAINS

Londini, die Octob. decimo - A. S. 1895.

17, Manchester Square.

Illustrissimo linguæ Latinæ defensori Doctori Macé S. P. D. Eduardus H. Sieveking.

Gratias tibi ago maximas pro libro quem nuperrime mihi misisti. Non dubito quin universitates mundi idem, quod ego, sentiant, te bene, immo optime, fecisse, utilitatem ac dignitatem literarum Latinarum hoc tempore, « utilitarium, ut barbara voce utar » publico proponere.

Longum est ex quo ipse Latina usus sum lingua, brevitas ergo mihi convenit, sed velim te scire me prorsus tecum et tuo argumento consentire.

Ignoscas mihi errores et bonam accipias voluntatem pro factis mediocribus, sed persevera, quæso, luttare contra Barbaros qui Latinam linguam et literas Latinas aspernantur.

Vale et fave.

Paris (28, rue Joubert), 2-1-96.

Erudissime doctor & amice,

In eodem conspectu video proboque omnia quæ tam juste & eloquenter scripsisti de latinarum litterarum utilitate ad pueri mentem formandam, juvenis & animum exultandum & gustum creandum, atque tandem virum ad cogitationis ac vitæ pugna aptum faciendum.

Optima mea vota hic tibi scribo ex imo corde.
Vale & me ama.
Victor Breton.

Doctori Macé S. D.

Tibi, vir ornatissime, gratias ago, quod misisti libellum luculentioribus consiliis sane refertum. Quibus ego pro virili parte libenter assentior. Nihil enim mihi acceptius esse possit quam si, quotiescunque fit doctorum virorum conventus, it conspiratione facta inter se latina tantum uterentur lingua. Immo perutile foret ad promovendam scientiam, quod non proprium quisque idioma sed ciceronianum potius, ut mos fuit olim, usurparet in disquisitionibus edisserendis. Recte dicis, hercle! Qui doles, apud nos præsertim Gallos, studium humaniorum litterarum in dies senescere. Viginti jam abhinc annis nullus, ut puto, exstitit Minister qui in rostris studia antiqua tuendi provinciam ore grandiloquo non sibi arrogaverit : re vera, nullum initum est consilium nisi ad eadem imminuenda. Utinam audiatur vox tua, nec in deserto clamet! Quidquid id est, legi cum maxima voluptate librum tuum ; propter oblectamentum tibi gratias iterum referre liceat, et boni in te animi obsequium profiteri. Vale.
E. Bourciez.

Burdigalae, die 20 mensis junii 1896.

Vir illustrissime,

His solum ultimis diebus venerunt ad meas manus perelegantes et amœnæ paginæ quibus nobilem sed in dies ab ipsis defensoribus deploratam humaniorum studiorum causam suscepisti. Nec operæ pretium est dicere quanto studio eas perlegerim, quippe qui ex teneris unguiculis in iis eruditus, adversariorum, ne dicam Barbarorum, incrementa et imminentem victoriam videam et lugeam.

Quod devotissimi servi tui testimonium excipere velis.

E. Mérimée.

Datum loco dicto « Paris-Plage », in Calesii-freto. Cal. Septembr.

Quas de maternis linguis enucleate scripsisti litteras miratus sum.

Vellem et ego tam eleganter uti latino sermone.

Accipe rusticantis et pauperculi laudes. Te monitum volo de concordantis animæ constantiâ cum summâ dilectione.

Vale.

P. Coqueret.
24, rue St-Roch, Paris.

U. S. Americæ

Urbi Lacus, XXII° Aug., MDCCCXCVI.

Victor Clericus Doctori Macé S. P. :

Gratias iam dudum debitas tibi ago, honoratissime Doctor, quod pro tua humanitate libellum tuum longe gratissimum mihi miseris. Quamquam, ferias alibi agens, eum tardissime accepi, ex litteris nostri Arcadii cum missum cognoveram; nec erat quo minus tibi litteras maturiores darem, nisi ut, libro lecto, quasi e re cognita scriberem. Diutius non deerit mihi unde cum multa iucunda tum etiam argumenta rationesque, re Latina dignas, et ad humanitatis eversores depellendos aptas, hauriam.

Ludus aestivus etsi deficientibus discipulis non successit, tamen eum proximo anno auspiciis felicioribus incipere in animo est.

Salve et Vale.

———

« Omnium, qui in nostris diebus de l. Lna in vitam revocanda bene meruerunt princeps primusque nominandus est Dr. C. Macé, medicus, Aquis Sextiis, in Sabaudia. Iste vir præclarus opellam non adeo pridem in lucem edidit, a nobis iam memoratum, « Utilité des Etudes Greco-Latines, » quæ obtineri potest apud Æmilium Bouillon, 67, rue Richelieu, vel etiam apud T. H. Castor & Co., 23 School str., Bostonii, Mass. Quod libellus 225 paginarum manibus plurimorum teritur vel inde apparet, quod iam editio secunda in lucem prodiverit. Auctor doctus Latine præfatur. Legimus varia polemica atque apologetica de restuenda l. Lna, sed opus Dris Macé hæc omnia longe superat & eminet. Hic enim non modo pulchritudo, præstantia l. Lnæ ostenduntur, non modo opiniones clarorum virorum litteras Rnas commendantium allegantur, non modo sophismata « utilitariorum » refelluntur, exploduntur, & diluuntur, verum etiam exemplis modernis ostenditur quam sit l. Lna in Rep. litterarum, commercialique non utilis solum sed præter modum necessaria. Iuvabit exemplum saltem unum hicce excerpere:

« Me rendant de Vienne à Budapest, » inquit auctor præclarus, « je me rencontre en chemin de fer avec un élégant capitaine hongrois, qui parlait fort bien le grec et l'allemand, mais fort peu le français. Pensant que je le comprendrais mieux en latin, il m'adressa la parole en cette langue. Voyant la difficulté que j'avais à m'exprimer en latin, il me dit : « Pour devenir médecin, tu as dû étudier le latin ? » — « Sans doute, et pendant huit longues années. » — « Et tu ne sais pas le parler ? » — « Non, et mes condisciples pas plus que moi. » — « Comment étudiez-vous donc le latin, en France ? » — Cette réflexion si naturelle de mon capitaine hongrois m'est restée dans l'esprit, et elle n'a pas été étrangère à la publication de ces quelques pages. »

« Ne nobis quidem est magis clarum quam centurioni equitum Hungarico, populari nostro, quemadmodum anni octo in discenda quacumque demum lingua pessumdari possint, nec Latine scire. Libellus Dris Macé esse deberet « vade mecum » unius cuiusvis Galli ; facunde enim luculenterque ostendit auctor insignis linguam Gallicam, gloriam potestatemque Galliarum eo gradu labefactari atque evanescere quo l. Lna missa fit, Teutonicæ autem assurgunt. »

     Prof. MAGGIOROSSY,
      Dir' *Præconis latini.*
      Philadelphiæ.

Non ego pro meritis valeo tibi reddere grates
Nec dignis cœlo tollere carminibus
Illud opus, linguæ quod Grecæ iura tuetur
Et Latii in scholis verba colenda docet.

     Prof. MINTO.
      Cremone.

Documents manquants (pages, cahiers...)
NF Z 43-120-13